다락원 | Spark Publishing

니코마코스 윤리학

Nicomachen Ethics

아리스토텔레스

SPARKNOTES™ 023

니코마코스 윤리학

펴낸이 정규도
펴낸곳 (주)다락원

초판 1쇄 인쇄 2009년 8월 21일
초판 1쇄 발행 2009년 8월 28일

책임편집 안창열
디자인 정현석
번역 최기철
표지삽화 손창복

다락원 경기도 파주시 교하읍 문발리 509-1
내용문의: (031)955-7272(내선 400)
구입문의: (02)736-2031(내선 112~114)
Fax:(02)732-2037
출판등록 1977년 9월 16일 제300-1977-23호

Copyright © 2009, 다락원

출판사의 허락 없이 이 책의 일부 또는 전부를
무단 복제 · 전재 · 발췌할 수 없습니다.
잘못된 책은 바꿔 드립니다.

값 7,000원

ISBN 978-89-5995-188-8 43740

http://www.darakwon.co.kr
일이관지(一以貫之) 논술팀이 제시한 실전 연습문제 답안작성
논술가이드는 www.darakwon.co.kr에서 무료 제공합니다.

세계의 교양을 읽는다

고전을 왜 읽는가?

인간의 삶과 세상에 대한 영원한 물음이 있기 때문이다. 시대와 사상을 뛰어넘어 지금 여기 우리에게 필요한 물음이 없는 고전은 더 이상 고전이 아니다. 인간과 삶에 대한 근원적인 물음 없이 고전을 읽는다면 자신과 인간에 대한 성찰과 지혜로 이어지지 않는다. 논술 시험 때문에, 과제물 때문에, 아니면 남들이 읽으니까, 나도 읽는다는 식이라면 그 책은 죽은 책일 수밖에 없다.

고전을 살아 있는 책으로 만드는 이 '물음!'에 답하기 위해서는 좋은 길잡이가 필요하다. 오랜 기간 동안 미국의 고교생과 대학 주니어들이 시험, 에세이 작성, 심층토론 준비를 위해 바이블처럼 애용해온 'SPARKNOTES'와 'CliffsNotes'는 바로 그런 좋은 길잡이의 표본이다. 이 두 시리즈가 원조 논술연구모임인 '일이관지(一以貫之)' 팀의 촌철살인적 해설을 곁들여 논술로 고민중인 대한민국 학생 여러분을 찾아간다.

SPARKNOTES와 CliffsNotes의 가장 큰 장점은 방대하고 난해한 고전을 Chapter별로 요약하고 분석해서 원전의 내용에 보다 쉽고 체계적으로 접근하는 신속·간편성이라고 할 수 있다. 여기에 '一以貫之' 팀이 원전의 중요한 문제의식, 즉 근원적 '물음'은 무엇이며, 그 '물음'은 오늘날에도 여전히 유효한가, 라는 질문을 다시 던진다.

대입논술로 고민하고, 자칭 타칭의 고전이 넘쳐나는 오늘의 독서풍토에서 지적 정복이 긴박한 대한민국 학생들에게 감히 이 시리즈를 자신있게 권한다.

一以貫之 논술연구모임 연구실장 이호곤

차례

이 책의 구성

SPARKNOTES와 CliffsNotes는 방대하고 난해한 원작을 보다 쉽게 이해할 수 있도록 돕는 안내서입니다. 여기에는 원작 이해를 돕기 위해 매 장마다 '요점 정리(또는 줄거리)'와 '풀어보기'가 실려 있습니다. '요점 정리(또는 줄거리)'에는 원저의 내용을 일목요연하게 정리해 놓아 저자가 전달하려는 내용을 어렵지 않게 파악할 수 있습니다. '풀어보기'에서는 철학서의 경우, 원저에 담긴 저자의 사상이나 관련 철학, 시대 상황, 논점 등을, 문학 작품인 경우에는 원작에 담긴 문학적 경향, 등장인물의 심리상태, 주제 등을 설명해 놓았습니다. 분석적이고 비판적인 글읽기의 바탕이 되는 요소들이죠. 비소설이나 소설을 막론하고 분석적이고 비판적인 글읽기는 독자에게 꼭 필요한 자질입니다.

그밖에도 원저를 좀더 깊이 복습해서 제대로 소화할 수 있도록 돕기 위해 'Study Questions'와 'Review Quiz' 등을 마련해 놓았습니다.

* 〈 〉는 철학서, 장편소설, 중편소설, 수필집, 시집. " "는 단편소설, 논문
* 작품명은 독자의 이해를 돕기 위해 예외적인 경우를 제외하고는 영어식으로 표기함.

◉ 일이관지(一以貫之) 논술노트

권말에는 일이관지 논술팀에서 작성한 논술노트가 실려 있습니다. 원저를 우리의 삶과 연계시켜 비판적 사고와 논리적 글쓰기의 방향을 제시합니다.

◉ 실전 연습문제

논술예제와 기출문제를 통해서는 원작을 바탕으로 출제 가능성이 높은 논점을 함께 숙고해 봅니다.

간추린
명저
노트

아리스토텔레스 Aristotle는 기원전 384년 그리스 북부에 위치한 마케도니아의 스타기로스에서 태어났다. 마케도니아는 그리스 북부에 자리 잡고 있었으나 남쪽의 아테네, 스파르타, 테베스와 같이 정상적인 그리스 영토의 일부로 대접받지는 못했다. 그러나 어쨌든 마케도니아 사람들도 틀림없는 그리스인이었다. 따라서 아리스토텔레스 역시 그리스 상류층 집안의 자녀들과 같은 교육을 받으며 자랐다. 아리스토텔레스의 아버지 니코마코스 Nicomachos/Nicomachus는 마케도니아의 왕 아민타스의 주치의였다. 아민타스는 알렉산더 대왕*의 할아버지다. 니코마코스는 왕의 주치의답게 상당한 재산과 토지를 지닌 부자였다. 아버지를 일찍 여읜 아리스토텔레스는 열일곱 살 즈음 후견인에 의해 아테네로 보내져 플라톤**이 가르치는 아카데미아에 입학했고, 얼마 뒤부터는 우등생으로 이름을 날렸으

---

* **알렉산더 대왕**(Alexander the Great. 356-323 B.C.?): 알렉산드로스 3세. 마케도니아 왕(336-323 B.C. 재위). 유럽·아시아·아프리카에 걸쳐 대제국을 건설했으며, 그리스 문화와 오리엔트 문화를 융합시킨 헬레니즘 문화를 이룩했다.

** **플라톤**(Plato. 428?-347 B.C.?): 그리스 철학자. 소크라테스의 제자이자 형이상학의 수립자. 논리학·인식론 등에 걸쳐 광범위한 철학체계를 전개했으며, 이성이 인도하는 것은 모두 따라야 한다는 이성주의적 입장을 취했다. 주요 저서는 〈소크라테스의 변명〉 등.

며 세월이 흘러 그곳의 교사가 되고 나서도 뛰어난 실력을 갖춘 교사로 인정받았다. 그러나 그가 스승 플라톤의 학문적 주장과 어긋나는 이론을 펼치면서부터 두 사람의 사이는 금이 간다. 플라톤이 세상을 떠난 기원전 347년 아카데미아의 원장 자리가 예상과 달리 플라톤의 조카에게 넘어가자 아리스토텔레스는 아테네를 떠나 그리스 전역을 떠돌면서 뛰어난 인재들을 가르쳤다. 그 가운데 대표적인 경우가 기원전 343년부터 마케도니아 필립(필리포스) 왕의 아들인 알렉산더를 3년간 개인 지도한 일이다. 두 사람의 관계에 대해서는 별로 알려진 것이 없으나 그다지 좋게 끝나지 않았다는 사실은 잘 알려져 있다. 아리스토텔레스에 대한 알렉산더의 의심이 점차 커지다가 마침내 모반 혐의를 씌우는 지경에까지 이르렀던 것. 다행히 처형을 면하고 목숨을 건진 아리스토텔레스는 고향으로 돌아가 다시 젊은이들을 가르쳤다.

기원전 335년 공석인 아카데미아의 원장 자리를 다시 한 번 놓친 아리스토텔레스는 아테네에 직접 리케이온이란 학원을 세웠는데, 플라톤의 철학 대신 자신의 철학을 가르친 그곳으로 많은 학생이 몰리면서 유명해졌다. 아리스토텔레스는 한 자리에 앉아 가르치지 않고 제자들과 리케이온 안의 산책로를 따라 거닐며 토론했기 때문에 그들은 소요학파라고 알려지게 되었다. 그 후 기원전 323년 알렉산

더 대왕이 죽으면서 그와 가깝게 지냈다는 이유 때문에 불경죄로 기소당한 아리스토텔레스는 아테네를 떠날 수밖에 없는 처지가 되자 가문 소유의 땅이 있던 칼키스로 내려가서 1년여 동안 호젓하게 살다가 세상을 떠났다.

아리스토텔레스의 철학은 원래 첫 스승이자 가장 큰 스승이었던 플라톤의 철학에 뿌리를 두고 있으나 그들의 철학에는 커다란 차이점도 있다. 지식에 대해 플라톤은 형이상학적으로 접근했던 반면, 아리스토텔레스는 과학적으로 접근했던 것.

플라톤의 철학 체계를 이루는 근본 사상 가운데 하나는 형상론*이다. 플라톤은 세계에 대한 과학적 관찰과 탐구는 일정 시간이 지나면 결국 오류가 생길 수밖에 없기 때문에 진리는 형상, 즉 사물의 실체에 대한 형이상학적 관념에 의지해야만 얻을 수 있다고 생각했다.(형상에 대한 논의는 플라톤의 〈파이돈 *Phaedo*〉과 〈국가 *Republic*〉 참고) 그런데 그 정의에 따르면 형상이란 실재하지만 결코 육안으로 볼 수 없는 것인데, 플라톤의 철학은 이 형상에 대한 믿음

---

* **형상론**(形相論. Theory of Forms): 물리적 사물들 외에 아름다움과 올바름 같은 형상들이 존재하며, 최고의 단계로 선(the Good)의 형상이 존재한다는 가정을 기초로 한다. 감각으로 지각되는 물리적 세계는 끊임없이 변화하기 때문에 감각적 지식들은 제한적일 수밖에 없지만, 이성으로 파악한 형상들의 영역은 영원불변이다. 따라서 개개의 형상은 이 세계 속에 존재하는 사물들을 특징짓는 범주로서의 본(paradeigma)이며, 사물들은 이 완전한 형상들의 불완전한 모방에 불과하다는 것. 이데아론.

을 전제로 한다.

반면, 아리스토텔레스는 과학적 탐구와 지식의 엄격한 구성으로 세계를 얼마든지 설명할 수 있다고 믿었으며, 규정되고 반복될 수 있는 정해진 규칙과 방법들로 구성된 학문의 체계화에 전념했다. 이 같은 체계화의 욕구는 마침내 논리학의 기본 개념들을 발전시키는 성과로 이어졌다. 비록 플라톤도 이성적 사고의 중요성은 인정했지만, 아리스토텔레스는 이 같은 접근법을 한층 더 현실적으로 발전시켰다. 사실상, 서양 논리학은 아리스토텔레스에게서 비롯되었다고 할 수 있다.

유감스럽게도 아리스토텔레스의 본래 문헌은 하나도 전해 내려오지 않는다. 사실, 오늘날 그의 이름으로 되어 있는 문헌들은 모두 리케이온에서 사용했던 강의용 노트나 교안들을 비슷한 주제끼리 묶어 적당한 제목의 책으로 편집하고 일련의 순서에 따라 정리한 것이다. 이 같은 사실을 고려하면, 〈니코마코스 윤리학 *Nicomachen Ethics***〉(이하 '윤리학')의 내용 중복과 형식이 자연스레 이해될 뿐만 아니라 오늘날 우리가 접하는 아리스토텔레스의 사상이 실상은 그의 생각을 그대로 전하는 것이 아니라 세월이 흐르면

** 〈니코마코스 윤리학〉: 아리스토텔레스가 아들 니코마코스에게 들려준 이야기를 엮은 것으로 추정되기 때문에 붙여진 제목.

서 보태고 추리는 과정을 거쳤으리란 점을 미루어 짐작할 수 있다. 따라서 〈윤리학〉이 아리스토텔레스의 다른 저서들과 비교하여 정확히 언제 것인지 알기가 어렵다.

아리스토텔레스의 관념들에 관한 연대기를 정확히 알지 못한다고 해서 그의 철학 체계 안에서 차지하는 〈윤리학〉의 위상조차 파악할 수 없는 것은 아니다. 아리스토텔레스는 지식을 성격에 따라 이론적인 지식, 생산적인 지식, 실용적인 지식으로 나누었고, 이론적인 지식을 다루는 학문으로는 우리가 형이상학이라고 부르는 당시의 '물리학', 수학, 신학, 자연과학을 꼽았다. 오늘날 남아 있는 아리스토텔레스의 저작들 대부분은 성격상 이론적인 지식을 다루고 있으나 〈윤리학〉은 매우 실용적인 지식이며 좋은 사람이 되는 길을 논하고 있다. 다시 말해, 추상적 관념으로서의 덕(탁월성)을 논의하는 데서 끝나지 않고, 덕을 실천할 수 있는 길도 제시한다. 덕을 논의하는 목적은 행복의 실체를 찾아내고, 아울러 행복하게 살 수 있는 면밀한 설계도를 제공하는 것이다.

아리스토텔레스에 의하면, 모든 행위는 어떤 목표를 가지고 있다. 다시 말해, 모든 행위는 어떤 선(좋음)을 추구한다. 따라서 인간 존재 자체는 틀림없이 최고의 선을 가지고 있다. 최고선은 인간에게만 독특한 것이다. 인간도 다른 짐승처럼 그저 살아남으려고 행동한다는 말은 온당치 않다. 인간의 최고선은 행복이다. 행복은 모든 인간이 항상 추구하는 정신과 삶의 상태인데, 그 자체로서 더할 나위 없이 만족스러운 것이다. 따라서 행복은 인간이 살아가면서 추구하는 궁극적인 목표다.

행복이 삶의 목표라고 결론을 내린 아리스토텔레스는 〈윤리학〉의 나머지 부분에서 인간이 행복을 얻기 위해 관계하는 활동들에 대해 논한다. 인간이 추구하는 목표는 지극히 인간적이어야 한다. 다시 말해, 그 목표는 인간만이 달성할 수 있는 어떤 것이어야 한다. 그런데 인간 특유의 능력은 이성이므로 인간의 목표는 이 특유의 기능을 발휘하는 것과 어떤 식으로든 관련을 맺어야 한다.

독자를 좋은 사람으로 만들려고 하는 〈윤리학〉은 덕(탁월성)을 단순히 논의하는 것에서 그치지 않고 덕스러운 행위를 할 수 있도록 면밀한 청사진도 제시한다. 덕을 논하는 목적은 실질적인 의미에서의 행복을 찾는 것이다. 따라서 〈윤리학〉은 잘 사는 방법을 모색하는 시도라고 볼 수 있다.

이성적으로 살면 두 가지 의미에서 덕스러운 사람이 된다. 첫째, 이성적인 사람은 덕을 실천한다. 둘째, 사람의 영혼은 덕을 행할 때마다 점점 덕스러워진다. 덕행 하나하나는 또 다른 덕행의 기회가 생길 때 더 쉽게 그 선행을 할 수 있게 해준다. 우리는 자신의 행동을 자신의 눈뿐만 아니라 남의 눈을 통해서도 평가한다. 덕행은 영혼의 덕을 낳는다. 사실, 덕행이야말로 영혼의 덕을 얻는 유일한 길이다. 단순히 어떻게 하는 것이 윤리적인지 아는 것만으로는 불충분하고, 그 지식에 근거해서 실천해야 한다. 이 원칙은 〈윤리학〉 자체에도 적용된다. 그저 〈윤리학〉을 읽기만 해서는 안 되고, 배운 것을 실제 세계에는 어떻게 응용할지 이해하기 위해 계속 공부해야 한다.(특히 〈정치학 *Politics*〉) 그런 다음에는 배운 것을 입증하기 위해 세상 속으로 나가야 한다.

역설적으로 아리스토텔레스는 최상의 행복은 정신적인 삶에서 비롯된다는 주장도 펼친다. 실생활에서 덕을 실행하는 것, 특히 정치학이라는 고상한 목표의 추구는 분명히 행복을 가져다주지만, 이것은 결코 최상의 행복이 될 수 없다. 철학자들처럼 이성과 합리성의 발휘를 극대화하는 삶이 가장 행복하다. 이성과 합리성이야말로 인간을 인간답게 하는 것이기 때문이다.

아리스토텔레스의 사상과 그가 인간 본성을 다루는 심리적 방법이 친숙하게 느껴질 것 같다. 그 이유는 바로 인간 본성에 대한 서구식 사고방식의 대부분이 그가 최초로 분석한 내용을 참고하거나 받아들였기 때문이다. 우리가 아직도 아리스토텔레스의 윤리학 사상에 크게 의존하고 있다는 사실은 〈윤리학〉이 얼마나 뛰어나고 중요한 학문적 성과물이었는지를 웅변한다. 현대 서구 사회의 근저에 깔린 도덕관념의 대부분이 아리스토텔레스의 사상에서 유래하고 있기 때문.

실용적 철학서인 〈윤리학〉에서 아리스토텔레스는 제자나 독자들이 실생활에서 응용하기를 바랐던 사상을 제시하고 있으나 동시에 자신의 도덕적 충고에 대해 철학적으로 틀이 잡힌 옹호론도 펼치려고 했다. 따라서 〈윤리학〉은 두 가지 관점에서 보아야 한다. 삶의 지침서이자 인간 본성에 대한 평론.

Book별
정리
노트

Book 1(1)

선은 어떤 행위의 목표 또는 목적이라고 말할 수 있다. 경우에 따라 선(즉 목적)은 어떤 활동 자체이거나 활동과는 구별되는 어떤 성과물일 수 있는데, 어떤 행위와 구별되는 성과물이 선이라면 그 성과물은 본성적으로 그 행위보다 더 우월하다.

모든 행위는 저마다 추구하는 선이 있기 때문에 수많은 '선들'이 있고, 그들 사이에는 서열이 있다. 어떤 행위가 더 폭넓은 다른 행위의 일부에 해당할 경우 그 행위의 선은 자연히 폭넓은 행위의 선보다 못하다. 이를테면 밥 한 끼 먹으려고 반찬을 만들 때, 고기를 썰고, 튀기고, 밀가루 양을 가늠하는 행위 자체의 선과 그런 행위의 결과인 썰어진 고기, 튀긴 고기, 필요한 양만큼 덜어 준비한 밀가루 따위의 선은 차려진 밥상의 선만 못한 것이다. 따라서 차려진 밥상의 선은 그 밥상을 차리기 위한 과정의 선들보다 중요하다.

이처럼 가장 중추적인 선은 가장 중추적인 행위에서

나온다. 아리스토텔레스에 의하면, 가장 중추적인 행위는 정치학이다. 정치학은 시민들이 여타 학문들을 언제 얼마나 배우고 실천해야 하는지 규정하기 때문에 여타 학문들은 정치학 밑에 놓이게 된다. 모든 행위는 사회의 개선이라는 정치학의 목표에 기여하기 위해 존재한다.

선의 뜻이 광범위하기 때문에 선에 대해 아주 정확히 규정하거나 특정하기가 어렵다. 선에 대해 검토하려면 주어진 상황 안에서 모든 개별적 요소를 함께 검토해야 한다. 따라서 선에 대해 논의할 때는 개략적으로 참을 밝히는 것으로 만족해야 한다.

정치학이 추구하는 목표는 행복이다. 비록 많은 사람들이 부나 명예를 행복이라고 말하지만, 행복이란 그렇게 외적으로 드러나는 어떤 것이 아니라 그 자체로 추구할 가치가 있는 것이고, 다른 모든 선이 하나의 목표로서 행복을 지향하기 때문에 행복은 다른 모든 선의 의미와 가치를 결정한다.

사람들은 나름대로 이해한 행복에 따라 삶을 영위한다. 삶의 유형은 크게 세 가지—향락적 삶, 정치적 삶, 관조적 삶—이다. 향락적 삶은 결코 그 자체로서 목표일 수 없는 피상적인 즐거움을 행복이라며 추구하기 때문에 가장 천박하다. 정치적 삶은 명예를 목표로 삼기 때문에 향락적인 삶보다는 덜 천박하다. 그러나 명예도 다른 사람의 판단에 의

존하는 것이기 때문에 어느 정도는 피상적이다. 추측컨대,
최고의 선은 그 같은 판단에 얽매이지 않을 것이다. 이 저
작의 뒷부분에서 검토할 관조적 삶이 가장 고상하다.

이러한 것들을 판단할 수 있는 보편적 선의 개념은 존
재하지 않는다. 선의 이데아가 하나뿐이라면 그 목표를 이
루기 위해 작동하는 상응 행위도 하나여야 하지만, 실제로
는 많은 방식이 있다. 게다가 선의 이데아가 하나뿐이라면,
이론상으로 선의 이데아는 어떤 개개의 선과도 같은 것이
되면서 논의 전체가 무의미해진다. 끝으로 선의 이데아가
영원하다는 이유로 선의 본보기 이상일 수도 없다.

아리스토텔레스는 도입 부분에서 〈윤리학〉의 핵심 문
제를 분명히 밝히고 있다. 행복이란 무엇이며, 어떻게 하면
행복해질 수 있느냐, 하는 것. 아리스토텔레스가 윤리에 대
해 논하는 목적은 이 의문에 답하는 것이다.

아리스토텔레스는 윤리학에 대한 연구를 과학적으로
검토한다. 다시 말해, 삶의 거의 모든 부분과 마찬가지로 윤
리학도 여러 구성 요소들을 쪼개서 검토할 때 가장 잘 이해
할 수 있다고 믿는 것. 그러나 그는 윤리학에 대해 과학적
으로 서술하는 것이 어렵다는 점을 결코 모르지 않는다. 따

라서 제1권에서는 논의 주제의 본질상 어느 정도의 부정확함은 감수해야 한다고 말한다. 사람들 사이의 여러 가지 상호작용에 대해 언급하면서 그 같은 상호작용이 구체적인 사례들에 의해 규정된다는 사실을 고려하는 것. 지나치게 세세하고 구체적인 윤리 규정은 개별적인 경우와는 거의 관련이 없다. 따라서 그의 결론은 비교적 추상적이고 일반적인 상태로 유지된다.

아리스토텔레스는 세심하게 '…일 것 같다'라든가 '…처럼 보일 것이다' 등의 표현도 쓰고 있다. 그가 이렇게 확정적이지 않은 표현을 쓰는 이유는 무엇일까? 하나는 과학적이고 엄밀한 논조를 유지하려는 시도라고 생각된다. 확실한 증거가 없는 상태에서 단정적인 진술은 하고 싶지 않은 것이다. 그의 저작 대부분은 "갑은 을이다. 그렇다면 결국 병이 된다"는 식으로 확실하게 말할 수 있는 주제에 관한 것이지만, 윤리학에서는 그 같은 진술이 거의 불가능하다는 사실을 잘 알고 있기 때문이다.

제1권(1)에서 아리스토텔레스는 플라톤 철학의 근본 개념 가운데 하나인 선의 이데아에 대해 논박한다. 물론, 이 저작의 다른 부분에서도 이따금 스승 플라톤의 사상에 의문을 제기하고 있다. 플라톤은 모든 사물을 규정하는 형이상학적 '형상'이 있다고 주장했다. 이 개념에 따르면, 선한 것은 모두 선의 형상과 일치한다. 아리스토텔레스는 이 관념을 신비주의의 형태로 간주하고 거부한다. 플라톤의 형상은 이 세상 차원에서는 이해할 수 없는 것이다. 맛볼 수 없고, 만져볼 수 없고, 관찰할 수 없으나 지성으로 오직 상상할 수만 있는 그런 것. 그러나 관찰만이 깨달음을 얻는 유일한 방법이라고 생각했던 아리스토텔레스는 플라톤이 형상론을 세우는 과정에서 감각적 지각을 통한 관찰을 무시한 것은 옳지 않다고 판단했다.

Book 1(2)

　　인간은 어떻게 행복을 성취할까? 그 대답은 인간으로서의 자기 역할을 다하는 것이라고 할 수 있다. 이를테면, 플루트주자에게는 플루트 연주를 잘하는 것이 선이다. 그렇다면, 인간으로서 살아가는 인간의 선은 무엇일까? 그 답을 찾으려면, 인간이란 존재에게만 특별히 있는 어떤 것을 밝혀내야 한다. 인간의 선은 틀림없이 인간에게만 특이한 것이어야 하기 때문이다. 인간을 독특하게 만드는 것은 합리성뿐이다. 따라서 합리적이기 위한 개개인의 어떤 행위는 인간적인 선의 활동이 틀림없다.

　　인간으로서의 역할은 이성 자체를 추구하여 행동하거나 다른 사람의 이성에 복종하여 행동하는 것이다. 선을 완수하는 것은 덕이기 때문에, 그리고 인간의 목표가 이성적 삶을 추구하는 것이라고 가정한다면, 최대한도로 이성적 삶을 추구하는 것은 어떤 덕을 실천하는 것일 수밖에 없다. 따라서 인간적 선을 좇아 합리적으로 사는 것은 영혼의 가장 덕스러운 활동이다.

이전 철학자들과 대부분의 사람들이 이 같은 평범한 믿음에 동의하고 있다. 사람들의 상식에 따르면, 선에는 세 가지 유형―외적인 선, 육체의 선, 영혼의 선―이 있다. 우리는 셋 가운데 영혼의 선이 최고의 진정한 선이라고 말한다. 그렇다면, 영혼의 선에 치중하는 것은 지극히 자연스러운 일이다. 사람들이 흔히 행복에 대해 생각하는 내용으로부터 최고의 견해들을 추려낸다면 좀더 온전한 행복의 정의를 내릴 수 있다. 진정한 행복은 가장 좋고 가장 고귀하고 가장 즐거운 것이며, 우리는 당연히 해야 할 것을 행함으로써 각자 가장 큰 즐거움을 맛본다. 그런데 행복은 추가로 부(富), 잘난 자식, 준수한 용모 등의 외적인 선의 도움도 받을 수 있기 때문에 참된 행복을 꽃 피우려면 덕에도 어느 정도의 행운이 필요한 것 같다. 그렇다면, 행복은 지나치지 않을 정도의 적당한 외적인 선을 구비하고 있으면서 항상 덕에 따라 행동하는 것이다.

죽은 사람의 행복은 후손과 친구들의 운에 따라 영향을 받을 수 있겠지만 그 행복은 빼앗아갈 수 있는 것이 아니고, 불행한 사람을 행복하게 만들 수 있는 것도 아니다. 이처럼 어떤 사람의 행복은 사후에는 아주 미약하게 영향을 받는 것 같다.

행복은 다른 어떤 것을 위한 수단이라기보다는 그 자

체를 완전한 선으로 칭찬해야 한다. 정말 그럴 수밖에 없는 이유는 다른 모든 것은 결국 행복을 목표로 하는 궁극적 수단들이고, 어떤 것이 그 자체의 수단이 될 수 있다는 말은 할 수 없기 때문이다.

행복은 영혼의 활동이다. 영혼은 이성적인 부분과 비이성적인 부분으로 나눌 수 있다. 비이성적인 부분은 다시 두 부분으로 나뉜다. 하나는 영양과 성장의 원인이라고 불리는 식물적인 부분인데, 인간에게만 고유한 것이 아니라 모든 생명체가 지니고 있으며 결코 이성을 가지고 있지 않다. 다른 하나는 욕구적인 부분 또는 욕망적인 부분인데, 이성의 말을 듣고 설복될 수 있는 것이면 이성을 가지고 있다.

: 풀어보기

제1권(2)에서는 또 다시 아리스토텔레스 철학과 플라톤 철학의 차이가 드러난다. 아리스토텔레스는 인간의 영혼을 이성적인 부분과 비이성적인 부분으로 나누고, 다시 후자를 두 부분으로 구분한다. 그러나 플라톤은 〈국가〉에서 인간의 영혼을 욕구적인 부분, 기개적인 부분, 이성적인 부분으로 나누고 있다. 아리스토텔레스가 영혼을 플라톤과는 다른 방식으로 재규정하는 행위는 비록 제1권(1)에서 플라톤 철학의 핵심까지 파고든 형상론에 대한 반박에는 훨씬 못 미치지만 스승의 철학에 대한 도전이라고 볼 수 있다. 그러나 아리스토텔레스 역시 인간의 영혼을 부분으로 나누고 각 부분에 대해 분석하는 방식은 플라톤과 같다는 점에 주목해야 한다. 플라톤은 살아 있을 당시는 물론 세상을 떠난 뒤에도 엄청난 영향력을 발휘하는 철학자란 사실은 자명하다. 따라서 아리스토텔레스처럼 독창적인 사상을 전개한 철학자도 플라톤의 영향력에서 완전히 벗어나지 못했다는 사실은 별로 놀라울 것이 없다.

Book 2

　덕에는 지적인 덕과 도덕적인 덕이 있다. 지적인 덕은 가르침에 의해 함양되기 때문에 시간과 경험을 필요로 한다. 반면, 도덕적 덕은 습관의 결과로 생겨난다. 따라서 본성적으로 생겨나는 것이 아니다. 영혼은 도덕적 덕을 받아들이게 되어 있지만, 도덕적 덕이 인간의 모든 행위를 인도하는 힘으로 발전하려면 습관에 의해 길들여져야 한다. 피아노 연주를 배우려면 생각만으로는 안 되고 연습을 해야 하듯이 도덕적 덕도 먼저 활용해야 영혼 안에 자리 잡게 된다. 덕스러운 행위는 덕스러운 품성을 낳는다.

　우리가 맨 먼저 통찰해야 할 사실은 덕스러운 행위도 지나침이나 모자람에 따라 변하게 되어 있다는 점이다. 이를테면, 용기가 지나치면 무모함이고 용기가 부족하면 비겁함이 되듯, 모든 도덕적 자질에는 지나침과 모자람이 나타날 수 있다. 이처럼 덕은 지나침과 모자람에 의해 파괴되고 중용에 의해 보존된다. 덕스러운 사람은 쾌락(즐거움)뿐만 아니라 고통에 대해서도 중용의 자세로 대응한다.

우연히 행해진 덕행이라도 가치는 있지만 우리가 검토하는 덕의 일부로 인정할 수 없다. 온전하게 덕스러운 행위가 되려면, 행위자가 자신이 어떤 행동을 하고 있으며 왜 그런 행동을 하고 있는지 알고 있는 상태에서 행해져야 하기 때문이다. 덕을 배우기 위해서는 습관을 통해 그것이 강화되어야 한다는 점을 감안하면 더더욱 그렇다. 덕행이 그 가치도 모르는 채 추구된다면 습관을 강화시킬 수 없다.

영혼 속에서는 감정, 능력, 품성이 생겨난다. 감정은 욕망, 분노, 두려움, 기쁨, 미움 등, 일반적으로 즐거움이나 고통을 동반한다. 능력은 감정들을 느낄 수 있게 하는 것이고, 품성은 감정들에 대한 태도다. 우리는 어떤 감정만 가지고 있다든지 그 감정을 느낄 수 있는 능력을 가졌다고 해서 칭찬받거나 비난당하지 않지만 그것들에 대해 어떤 반응을 취하느냐에 따라서는 칭찬받거나 비난당하는 것을 보면, 덕은 틀림없이 품성이다. 따라서 인간의 덕은 그 사람을 좋은 사람이 되게 하고, 그의 기능을 잘 수행하게 만든다. 다시 말해, 덕스럽고 합리적인 삶을 살게 한다.

덕의 본성은 중용의 원칙을 이용하면 찾아낼 수 있다. 지금까지 논의했듯이 세상사와 사람들을 대할 때 중용을 추구하는 것이 덕이다. 물론, 그렇게 하는 것은 쉽지 않다. 잘못을 범할 여지는 무한하지만, 덕스러워지는 길은 한 가지뿐이기 때문이다. 이를테면, 나쁜 것은 무한정인 것에 속하고 좋은 것은 한정된 것에 속하기 때문에 과녁을 빗나가기는 쉽고 맞추기는 어려운 것.

심술이나 시기 같은 감정, 살인이나 간음 같은 악행은 덕스러운 중용―지나침에 따른 악덕과 모자람에 따른 악덕 사이의 중용―에서는 결코 생겨날 수 없다. 살인에는 마땅히 올바른 방식이나 올바른 때가 있을 수 없으며, 살인 자체가 나쁘기 때문에 어떤 방식으로든 살인을 하면 단적으로 잘못을 범하는 것이다. 일반적으로 지나침과 모자람의 중용이 없고, 중용의 지나침이나 모자람도 없기 때문이다.

성격적 특성에도 중용의 원칙을 적용할 수 있다. 그렇게 하면, 습관적인 것으로 만들기 위해 노력해야 하는 덕을 찾아낼 수 있다. 우리는 일반적으로 양 극단의 중간이 아닌 한쪽 극단에 반대되는 개념으로서 덕스러운 중용을 운운한다. 예를 들면, 용기에 더 많이 반대되는 것은 지나침인 무모함이 아니라 모자람인 비겁함이고, 절제에 더 많이 반대되는 것은 모자람인 무심함이 아니라 지나침인 무절제인 것. 우리가 이렇게 하는 데는 두 가지 이유가 있다. 첫째, 덕스러운 중용은 때때로 양쪽 극단 가운에 어느 한쪽에 더 가깝기 때문이다. 둘째, 우리가 자연스레 끌리는 한쪽 극단의 반대로서 덕을 말하는 경향이 있기 때문이다. 예를 들면, 사람들은 본성상 무모함보다는 비겁함에 더 끌리기 때문에 용기를 무모함이 아닌 비겁함의 반대로 여기는 것. 이런 사실에도 불구하고 덕은 언제나 중용을 추구한다.

중용은 플라톤과 아리스토텔레스의 철학, 헤로도투스*의 역사학, 그리고 지금까지 전해 내려오는 고대 그리스 희곡 등의 중심 사상이다. 제2권에서 아리스토텔레스는 중용의 관념을 동원해 덕의 내용을 정의한다.

그러나 아리스토텔레스는 덕 자체에 강한 애착을 나타냄으로써 중용의 고수를 어기는 흥미로운 모순을 범하고 있다. 삶의 대원칙으로서 중용을 실천하라고 권하면서도 덕 자체에서는 중용을 추구하면 안 된다고 생각하고, 오히려 덕에 완전히 헌신하는 한쪽 극단을 권하고 있는 것. 〈윤리학〉의 뒷부분에서는 여러 종류의 덕에 대해 논하면서 개별적인 덕의 경우에 좋은 것의 지나침이 있을 수 있다고 언급한다. 예를 들면, 용기의 지나침이 무모함이며, 절제의 지나침이 무심함이다. 그렇더라도 덕 자체는 인간이 아무리 가져도 지나치지 않는 유일한 좋은 것이다.

---

* **헤로도투스**(Herodotus, 484-425 B.C.?): 그리스 역사가. 과거의 사실을 단순히 기록만 하지 않고 철학적 성찰과 철저한 조사 작업을 통해 실증적 학문의 대상으로 삼았다. '역사의 아버지.' 주요 저서는 〈역사〉.

제2권에서는 습관화의 관념에 대해서도 말한다. 습관화는 아리스토텔레스의 덕의 개념에는 지극히 중요하다. 단순하게 선을 아는 것으로는 불충분하고 선행을 한 번 한다고 해서 덕스러운 사람이 되지도 않는 것이다. 덕스러운 사람이 되려면 어떤 상황에서든 선행을 해야 한다. 사람은 그의 행동을 보면 알 수 있다. 행동이 그 사람의 사회적 평판에 영향을 준다는 의미에서뿐만 아니라 그 사람의 성격이 행동에 의해 형성된다는 의미에서도 그렇다. 사람이 선에 따르는 행위를 많이 할수록 더 자연스럽게 힘들이지 않고 선한 사람이 될 수 있다.

또한 우연한 도덕적 행위보다는 도덕적 상태에 대해 아는 것이 중요하다. 우연한 덕은 습관화로 이어지지 않기 때문에 결코 참된 덕이 아니다. 아리스토텔레스는 선택이 중요하다고 믿고 있다. 즉 우리가 선택해서 행하는 것이 우리 자신과 우리의 미래 행동을 규정한다는 것.

Book 3

인간의 행위는 자발적인 것과 비자발적인 것이 있다. 무지나 강요에 의한 행위는 비자발적인 것이다. 행위가 강제적이란 것은 그 행위의 유일한 원인이 행위자가 아니라 외적인 힘이나 다른 사람인 경우—가령, 바람이 불어 그를 어디론가 움직이게 하거나 지배자가 어디론가 데려가는 경우—뿐이다. 분노 같은 비이성적인 감정으로 인해 어떤 행위를 했을 경우 그 감정은 품성에서 비롯되기 때문에 비자발적인 것이 아니다. 행위자가 특정한 상황을 모르고 있는 경우에는 무지로 인한 행위라고 할 수 있다. 무지로 인한 행위와 뭔지도 모르면서 하는 행위는 구별해야 한다. 만취나 도덕적 타락으로 인한 행위는 모르면서 하는 행위인데, 무지로 인한 행위보다 훨씬 나쁘다.

도덕적 행동은 자발적인 행위에 뿌리를 두고 있다. 즉 선택에 따른 행위란 뜻이다. 선택은 욕망이나 분노와는 구별된다. 어느 동물에게나 욕망과 분노가 있지만, 인간만이 선택할 능력이 있다. 참된 선택이란 인간 특유의 능력인 합리적 숙고를 통해 이루어진다. 선택은 선택하는 사람이 어떤 행위가 다른 행위에 비해 낫다고 판단했다는 뜻이다. 합리적 숙고란 신중한 검토, 즉 올바른 행위나 결과가 명확하지 않을 수도 있는 상황에 대해 검토하는 것이다. 인간은 목적이 아니라 단지 최선의 목적을 달성하기 위한 수단이나 방법에 대해 숙고한다. 확실히 우리는 우리 행위로 성취할 수 있는 몇 가지 대안에 대해 숙고할 수 있을 뿐이다. 따라서 선택은 우리의 능력 범위 안에 있는 것들에 대해 검토하고 고찰하는 것이다.

품성이 좋은 사람은 선택할 때 언제나 선을 목표로 삼는다. 그러나 성품이 좋지 않은 사람은 어떤 대상에 대해 잘못 판단할 수 있고, 외견상의 선만 바랄 수도 있다. 따라서 선과 악은 인간의 능력 범위 안에 있는 것이고, 사람이 자발적으로 악을 선택하는 일도 얼마든지 가능하다. 이 같은 사실은 보상과 처벌을 다루는 보통법에 의해서도 입증된다. 일반적으로 선행은 명예로써 기리고, 무지 또는 비자발적인 행위 이외의 악행은 처벌하는 것. 그러나 부주의에 의한 무지 또는 무지의 경우에도 행위자가 그 무지의 원인이라면 처벌받는다. 예를 들면, 취중에 잘못을 저지른 사람의 경우다. 술에 취하지 않도록 자제할 수 있었고, 술에 취한 것이 무지의 원인이었기 때문이다.

인간은 자신의 악행에 대해 책임을 지듯 자신의 도덕적 상태에 대해서도 책임을 진다. 도덕적으로 나쁜 상태에 빠진다면 그릇된 삶은 그의 탓이기 때문이다. 일단 그런 상태에 처하게 되면 바로잡기가 어렵다. 습관으로 굳어졌기 때문이다. 선행을 습관으로 발전시켜야 덕이 함양되듯, 악행을 되풀이하다 보면 점점 더 악행을 일삼게 된다.

개별적인 덕에 대해 알아볼 시점이 무르익었으니 다시 덕에 대해 논의해 보자. 용기는 무모함과 비겁함의 중간이다. 따라서 용감한 사람도 인간이 감당할 수 있는 한계 내에서 두려운 것은 두려워할 수 있겠지만, 마땅히 그래야 하는 방식과 이성이 명하는 대로 고귀한 목적을 위해 그 두려움을 견뎌낼 것이다. 이처럼 용기란 명예로운 죽음이나 해악 앞에서도 두려움 없이 행동하는 것이라고 정의할 수 있다. 이런 의미에서 용기라는 덕이 가장 잘 드러나는 곳은 전쟁터다. 용기를 보이는 것이 언제나 즐거울 수는 없다. 사실, 고통스럽고 내키지 않을 수도 있다. 진정으로 용감한 사람은 선하고 고귀한 목적을 추구할 때는 대담하다.

용기의 성격을 닮은 것이 다섯 가지가 있다. 1) 시민적 용기. 법률에 의한 처벌, 비난, 명예 또는 통치자들의 강요 때문에 생겨난다. 용기와 가장 유사하다. 2) 위험에 대한 경험. 경험을 통해 두려워할 필요가 없는 공포의 대상을 잘 알고 있는 상태에서 대응하는 모습. 3) 분노. 결과를 전혀 예측하지 못하는 상태에서 동물처럼 위험 속으로 뛰어들게 만드는 것. 용감한 사람도 분노의 면모를 지니고 있으나 이성의 명에 따라 고귀한 목적을 위해 행위한다. 4) 낙천주의. 실제로 두려운 것 또는 두려워 보이는 것을 견뎌내는 것이 아니라 여러 차례 좋은 결과가 있었거나 낙관적인 생각 때문에 생겨난다. 5) 무지. 사태를 제대로 파악하게 되면 상황이 달라진다. 이를 다섯 가지는 얼핏 용기처럼 보이지만 이들 성향을 참된 용기와 혼동하면 안 된다.

절제는 쾌락과 관련한 중용이다. 절제는 육체적인 쾌락, 특히 촉각이나 미각과 관련된 쾌락, 즉 성적 쾌락이나 먹는 것과 마시는 것의 쾌락과 관계가 있다. 또한 절제는 고통이나 고통의 회피와는 무관하며, 오로지 쾌락 자체와 관계가 있다. 명예나 배움에 대한 사랑 같은 영적인 쾌락을 느낄 때는 육체는 아무것도 경험하지 않고 사유만이 그것을 경험하는데, 이 경우에는 절제나 무절제란 말을 쓰지 않는다. 그릇된 것에 대한 욕망이나 마땅히 기뻐해야 하는 한도를 과도하게 넘어서는 욕망은 무절제다. 비정상적으로 최소한의 쾌락을 원하는 사람의 성향을 지칭하는 낱말은 없다. 무절제는 쾌락으로 생기고 선택의 대상인 반면, 비겁함은 고통으로 인해 생기며 회피의 대상이기 때문에 전자가 좀더 자발적인 것 같고, 따라서 더욱 비난받아 마땅하다. 무절제한 사람은 제멋대로 구는 어린아이나 마찬가지다.

　　제3권에서는 아리스토텔레스의 엄격함이 드러나는데, 덕을 엄격하게 논하는 태도는 때때로 너무 지나치다는 인상을 준다. 그는 상상할 수 있는 모든 각도에서, 그리고 당장의 논거와 반드시 관련되지도 않은 방식으로 덕을 다루고 있다. 그가 덕을 묘사하는 방식은 대부분 당시 사람들의 믿음을 그대로 반영한 것이기 때문에 구태여 설명할 필요가 없으나 어떤 면에서는 크게 차이가 나는 부분도 있다. 예를 들면, 용기에 대해 간단히 묘사한 다음, 나쁜 것을 위해 두려움 없이 달려드는 것은 용기가 아니며 좋은 것을 위해 두려움 없이 달려드는 것이 용기라고 지적한다. 이런 주장은 조금 이상하게 들린다. 누군가가 비록 나쁜 것을 위해 싸우더라도 강한 상대에 맞선다면 우리는 용감하다고 말할 것 같다. 요컨대, 오늘날의 관점에서 보면 용기는 행위자의 도덕적 상태와는 실제로 무관하며, 오히려 나쁜 사람도 지닐 수 있는 긍정적 성향이나 자질인 것이다. 이렇게 생각하면 덕에 대한 아리스토텔레스의 모든 생각은 문제점을 갖게 된다. 그러나 아리스토텔레스는 모든 덕행은 반드시 덕스러운 성품에서 비롯된다고 믿었다. 도덕적 토대가 마련되지 않으면 덕은 없다고 생각한 것.

Book 4

후함(자유인다움)은 재물에 대해 올바른 자세를 지닌 덕이며, 지나치게 주는 낭비와 씀씀이가 지나치게 진지한 인색의 중용이다. 후함은 주는 쪽과 받는 쪽 모두에게 관련되지만, 주는 쪽과 좀더 관련이 있다. 잘 받아들이는 것보다 잘 행하는 것, 그리고 부끄러운 일을 행하지 않는 것보다 고귀한 일을 행하는 것이 덕에 더 속하기 때문이다.

낭비 또는 지나친 후함은 어리석을지언정 도덕적으로는 나쁘지 않고 남을 이롭게 한다는 면에서 인색함보다는 훨씬 낫다. 낭비하는 사람은 내면에는 선이 있으며 중용을 배울 수 있다. 탐욕에서 비롯되는 인색함은 다른 사람에게 주는 것을 아끼거나 다른 사람으로부터 너무 많이 받는 것이며, 고칠 수도 없다. 많은 사람이 재물을 쉽게 주려고 하지 않고 아끼는 것을 보면, 인간은 본성적으로 낭비보다는 인색 쪽으로 기울어져 있다.

공공의 목적을 위해 큰 규모의 알맞은 지출에만 관계

할 경우에는 특히 '통이 크다'고 한다. '알맞다'는 것은 행위자와 그가 처한 상황, 관련된 목적에 따라 상대적이다. 따라서 '통이 큰' 사람은 '후하지만', '후한' 사람이라고 해서 반드시 '통이 큰' 것은 아니다. '지나치게 통이 크다'는 개념은 내놓는 재물의 양과는 무관하고 격에 맞지 않거나 과시하는 태도를 가리키며, 속물적이라고 부를 수도 있다. 자기 능력에 비해 적게 내놓으면 '통이 작은' 것이다. 아무래도 부자라면 공동의 일을 위해 많은 재물을 내놓을 것으로 기대된다. 그러나 가난한 사람에게는 아무도 '통 큰' 행위를 기대하지 않는다. 그래도 굳이 하려고 든다면 어리석은 사람이다.

'포부가 큰 것'은 스스로의 가치를 정확히 알고 큰일을 할 만하다고 생각하는 것이다. 자신의 가치를 실제보다 크게 느끼면 허세이고, 작게 느끼면 소심함이다. '포부가 큰' 사람은 아주 뛰어난 인물인 것은 틀림없다. 작은 일에 적합하고 스스로도 그렇게 생각하는 사람은 분수를 아는 것이지 포부가 큰 것은 아니기 때문이다. 포부가 큰 사람은 대단한 사람이며, 스스로 그 사실을 알고 있다. 따라서 주어지는 명예, 부, 권력 등에 대해 적절한 태도를 취한다. 행운에 지나치게 기뻐한다거나 불운에 지나치게 괴로워하지도 않는 것. 그리고 자신의 대단함과 가치를 알기 때문에 격에 맞지 않는 명예는 폄하할 것이다. '포부가 큰 것'의 반대는 소심함이다. 소심함은 허세보다 더 흔하고 나쁜 것이기 때문이다.

중요한 것은 아니지만 명예욕에도 중용이 있으나 부합하는 낱말은 없다. 중용의 덕은 상황에 따라 다르게 보일 수 있다. 어떤 때는 명예추구를 고상한 행위라고 칭찬하다가 어떤 때는 명예를 탐한다며 비난하기도 한다. 따라서 알맞은 때에 알맞은 사람들로부터 알맞은 정도의 칭송을 받는 것이 중용이다. 그런데 이 복된 중용을 일컫는 낱말이 없기 때문에 중용과 한쪽 극단이 반대가 되는 다른 덕의 경우와 달리 두 극단이 모두 반대되는 것처럼 보인다.

분노와 관련한 중용도 명칭을 붙이기가 까다롭지만, 온유함이라고 불러도 무리가 없을 것 같다. 지나치게 화를 내는 것은 신경질이다. 온유한 사람은 쉽게 열을 받지 않고, 마땅한 때 마땅한 방식으로 마땅한 사람에게 화를 내며, 따라서 칭찬을 받는다. 마땅히 화를 내야 할 경우나 마땅한 때 마땅한 사람에게 화를 내지 못하는 것은 어리석게 생각되기 때문에 비난당한다. 지나칠 정도로 쉽게 열을 받을 수 있듯, 지나칠 정도로 참으면서 너무 화를 내지 않을 수도 있다. 그런 태도는 비루하고 굴욕적이다. 어떤 상황에서 어느 정도 화를 내는 것이 옳은지 판단하기는 쉽지 않다. 분노의 경우에는 지나치게 참는 비루함보다는 더 흔한 신경질이 중용의 반대로 간주된다.

다른 사람들과 교제할 때, 아부와 시비의 중용은 친애라고 부를 수 있다. 말이나 행위할 때 꾸밈이 없는 진실성은 허풍과 자기비하 또는 빈정거림에 대한 중용이라고 할 수 있다. 진실성에는 허풍이 반대되는 것으로 보인다. 허풍이 더 나쁘기 때문이다. 자기비하는 이득보다는 과시를 피하기 위한 것으로 생각된다. 가벼운 대화에서는 필요에 따라 적절하게 우스갯소리를 하는 것(재치)이 중용이라고 할 수 있다. 끝없이 농담으로 일관하는 경망함이나 전혀 농담을 할 줄 모르는 경직성은 모두 피해야 할 극단이다.

마지막으로 나쁜 평판에 대한 일종의 두려움으로 규정되는 수치는 젊은이들에게나 어울리는 덕으로 보아야 한다. 감정에 좌우되어 잘못을 많이 저지르게 되는 젊은이들은 수치에 의해 제어되어야 하고, 나이 든 사람들은 당연히 수치스러운 일을 해서는 안 되기 때문이다. 현명한 사람은 수치스러운 짓을 하고 싶어하지 않기 때문에 아예 수치를 알 필요가 없다.

덕에 대한 아리스토텔레스의 논의 가운데 낭비라는 악은 도덕적 타락이 아니기 때문에 인색이란 악보다는 낫다는 주장을 통해 그의 도덕적 토대가 분명해진다. 나아가 호

탕함에 대한 논의 가운데에는 지극히 그리스적인 요소가 가미되어 있다. 아리스토텔레스가 허세라고 규정하는 지나친 후함은 공적인 일에 재물을 내놓되 눈꼴사납게 구는 태도를 일컫는다. 그는 여기에서 유미주의*와 도덕을 결합시키고 있는데, 눈꼴사납게 내놓아 미적인 취향을 어지럽히는 짓은 도덕적으로 잘못이라고 생각하는 것. 미적인 판단과 도덕적 판단을 결합시키는 일은 고대 그리스에서는 흔했다. 아리스토텔레스가 덕을 논하면서 토대로 삼는 중용의 원칙은 그리스 건축과 예술에서도 중요하게 여기는 기준이었다.

'포부가 큰 것'에 대한 논의 내용은 오늘날 독자들에게 익숙하지 않은 만큼 논란의 여지가 있다. 사실 아리스토텔레스가 썼던 그리스어 '메갈로프시키아(megalopsychia)'는 정확히 번역하기 어려운 말이다. 그나마 '포부가 큰 것(magnanimity)' 정도가 원래 낱말의 뜻을 대략적으로 전달한다고 할 수 있다. 아리스토텔레스가 생각하기에 '포부가 큰 것'은 상류층 사람들만 함양할 수 있는 덕이다. 덕에 대한 이 같은 견해는 평등사상이 주류를 이룬 우리가 보기에는 완전히 잘못된 생각 같지만 선택받은 소수의 장점을 굳게 믿었던 아리스토텔레스의 입장에서는 조금도 이상할 것

---

* **유미주의**(唯美主義. aestheticism): 미의 창조를 유일한 지상 목표로 삼는 예술 사조. 탐미주의.

이 없다. 그는 '포부가 큰 것'에 대해 논하면서 좋은 집안에서 태어난 사람들, 권력을 가진 사람들, 또는 부유한 사람들이 명예를 받을 만한 사람들로 평가된다는 확신을 내보이고 있다.

〈윤리학〉은 극단적으로 주도적인 철학을 주장하고 있다. 아리스토텔레스는 자신이 보기에 사람들이 마땅히 취해야 한다고 생각되는 행동들에 대해 가감 없이 말하고 있는 것이다. 그의 주장에는 학문적인 성격의 내용이 없다. 일상생활에 직접 관련된 도움을 주기 위한 강의로서 철학 교재이면서도 실용적인 지침서인 것.

Book 5

　　정의도 하나의 품성인데, 어떤 품성에 대해 제대로 이해하려면 그 반대 성품을 알아보는 것이 최선일 때가 종종 있다. 정의에 대해서도 마찬가지다. '부정의'는 법을 어기거나 공정하지 않은 상태를 뜻한다. 따라서 정의는 법을 따르거나 공정한 상태를 가리킨다. 정의로운 사람은 무슨 일이 있어도 사회적 또는 정치적 공동체에 최대한 이익이 되도록 행위해야 한다. 적법하게 행위하는 정의로운 사람은 주변 사람들의 이익을 위해 모든 사회적 법률을 따르고, 공정한 사람은 모든 사회적 관계에서 주변 사람들에게 이익을 가져다준다. 그렇다면 정의는 다른 모든 사람들도 지배하는 보편적인 덕이고, 자신의 선뿐만 아니라 자신이 관계하는 사람들의 선까지 활용하는 유일한 덕이다.

　　이제 일반적 정의에서 벗어나 덕의 일부로서의 정의에 대해 살펴보자. 이번에도 논의를 부정의로부터 시작해 정의로 옮겨가도록 하자. 어떤 사람이 이익 때문에 악행을 저지를 때만 부정의하다고 말하고, 악행으로 직접적인 이득을 얻지 않을 경우에는 비겁한 행위라든가 무절제한 행위라고 말한다. 그렇다면, 이 같은 부정의에 대립되는 정의는 개인의 행위와 관련되면서 돈이나 명예 같은 모든 종류의 이로움을 분배하는 정의, 또는 이 같은 선들의 불공정한 분배를 바로잡는 정의라고 할 수 있다.

분배적 정의에는 기하학적 비례 개념—거래에 관련된 사람들 사이에서 성립하는 동일한 가치의 비율과 분배되는 재화 사이에서 성립하는 비율의 동등성—이 적용된다. 정의는 모든 참여자의 공적이나 능력 정도에 따라 공평하게 분배되도록 하는 것이다. 사실, 동등한 당사자들이 동등하지 않은 몫을 받거나 동등하지 않은 당사자가 동등한 몫을 분배받는 것은 부정의한 거래다.

잘못된 분배를 바로잡기 위한 교정적 정의는 부정의가 깨뜨린 동등함을 바로잡는다. 이 정의는 기하학적 비례가 아니라 산술적 비례—어느 한쪽에서 선의 일부를 떼어내 다른 한쪽에 보태는 것—에 따르며, 그 목적은 동등성을 회복하는 것이다. 피해 보상을 위한 소송에서 재판관은 교정적 정의를 보여주는데, 살인처럼 산술적으로 동등한 보상이 어려운 경우에도 동등한 보상을 실현하기 위해 최선을 다해야 한다.

거래 관계를 정의롭게 만들어주는 비율은 어떻게 규정

할까? 교환을 목적으로 하는 공동체 내에서는 비례적인 되갚음이 가장 분명한 원칙인 것 같은데, 각 상황—자발적인 행위와 비자발적인 행위 또는 관련자들의 지위 여하—에 따라 다른 요인들의 영향도 받기 때문에 '비례적'이라고 불린다. 따라서 모든 교환은 교환되는 두 사물이 비례에 따라 동등한 가치를 지니도록 이루어져야 한다.

정치적 정의는 시민으로서의 동등한 지위를 지닌 공동체 구성원들 사이에서 성립하며, 그들 사이의 관계가 일정한 법에 따라 다스려질 때만 존재할 수 있다. 이 법의 역할은 자연법과 실정법이 맡는다. 자연법은 인간이 사는 곳이라면 어디든 같고, 실정법은 각각의 사회가 제정해야 하며 제정된 후에는 중요해진다.

공동의 인간관계에서 발생하는 해(害)는 세 가지다. 첫째, 자발적인 것이 아니라 우연히, 모르고 해를 끼쳤다면 실수다. 둘째, 모르고 행하지는 않았지만 그 해가 원래 예상했던 것이 아니라면 불운이다. 셋째, 고의지만 미리 계획을 세운 것이 아니라면 부정의한 행위이고, 가해자의 감정으로 인한 것이라고 볼 수 있다.

정의롭게 행위하는 것은 아주 쉬워 보인다. 정의로운 행위만 선택해서 하거나, 아니면 반대로 부정의한 행위를 하지 않으면 되기 때문이다. 그러나 현실적으로는 그렇지 않다. 진정 정의롭게 행위하려면 정의로운 도덕적 상태에서 행위해야 하는데, 그 같은 상태는 함양하기가 매우 어렵다.

인간은 자신에게 부정의를 행한다는 것은 불가능하지만, 자신의 일부에 대해서는 부정의를 행할 수 있다. 마음에서 욕망적이거나 비이성적인 부분이 때때로 선하고 이성적인 부분을 압도함으로써 선한 부분이 제 역할을 못할 수도 있는 것.

아리스토텔레스는 지금까지 설명했던 그 어떤 개별적 덕보다 특히 제5권에서 많은 지면을 할애하여 정의에 대해 논하고 있다. 나아가 정의의 한 형태인 일반적 정의가 다른 모든 덕을 망라한다고 말한다. 플라톤도 정의를 선한 품성이라는 개념의 중추로 꼽는다. 〈국가〉에서 정의로운 개인을 규정하기 위해 정의로운 도시를 묘사하려고 전력투구하면서, 정의로운 개인이란 그 개인의 구성부분들이 질서를 유지하며 절제하여 그 기능을 발휘하는 사람이라고 결론짓는다. 이 같은 결론은 정의로운 사람은 모든 덕이 조화를 이루며 품성상의 여러 면에서 중용을 내보인다는 정의에 대한 아리스토텔레스의 설명과 흡사하게 들린다. 아리스토텔레스와 플라톤은 논거를 전개하는 방식은 아주 다르지만, 정의에 초점을 맞추는 것은 양쪽 모두에서 발견된다.

플라톤은 아리스토텔레스의 스승이었기 때문에 그의 사상이 제자에게 영향을 미칠 수밖에 없었고, 그 흔적이 아리스토텔레스의 논의에서 드러나는 것은 지극히 당연하다. 그러나 제5권에서는 아리스토텔레스의 사상을 형성하는 또 다른 분야의 학문들도 슬며시 모습을 나타낸다. 분배와 관련된 정의를 논의하면서 '기하학적 비례'를 언급하고, 교정적 정의를 논하면서 '산술적 비례'를 논하는 것은 썩 어울려 보이지 않을 수 있다. 그러나 적어도 우리들의 관점에서는 완전히 비수학적인 논의를 뒷받침하기 위해 수학이나 과학을 동원하는 것은 당시로서는 흔한 일이었다. 당시의 철학자들은 과학자인 동시에 수학자이기도 했기 때문이다. 아리스토텔레스 역시 과학, 특히 생물학에 관한 글을 썼다. 따라서 고대 철학자들이 자신의 논의를 수학이나 과학으로 논증하는 것은 당연한 일이었다. 뛰어난 철학자이자 수학자였던 피타고라스도 자신의 철학적 사상을 수학적 연구와 연결시켰다.

아리스토텔레스가 제5권에서 밝히고 있는 비례적인 되갚음의 원칙은 나머지 부분에서 계속 중요한 개념으로 전제된다. 그것은 인간의 모든 거래 관계는 쌍방 이익의 원칙에 따라 행해져야 하지만, 당사자들의 상대적 가치, 입장, 지위 등을 고려해야 한다는 단순명료한 개념이다. 한마디로 "눈에는 눈"이라는 식의 원칙은 맞지 않는다는 것이다.

따라서 아리스토텔레스는 교조적으로 행동규범을 제시하지 않고, 항상 개인의 특권에 문을 열어놓는 쪽을 선호한다. 그가 상대적 비율에 따른 쌍방 이익을 논하면서 여자, 노예, 외국인, 가난한 사람 등을 상대적으로 가치가 작은 인간의 부류로 취급하는 것을 보며 오늘날 독자들은 눈살을 찌푸릴지도 모르겠으나 당시의 그리스는 완전히 남성중심주의 사회로서 노예제도가 존재했으며, 외국인은 열등하고 귀족은 평민들에 비해 정신적으로도 우월하다고 철석같이 믿었다는 사실을 잊지 말아야 한다. 소수 엘리트가 사회를 이끌어간다는 아리스토텔레스의 굳은 믿음을 감안하면 '포부가 큰 것'에 대한 묘사가 쉽게 이해될 것이고, 이러한 편견은 제8권과 제9권에서 논하는 넓은 의미의 사랑에 대해 읽을 때도 명심하고 있어야 한다.

Book 6

영혼이 이성적인 부분과 비이성적인 부분으로 나뉘듯이 지성도 학문적 인식의 부분과 숙고하는 부분(이성적으로 헤아리는 부분)으로 나뉜다. 사물은 변하는 것과 변하지 않는 것으로 갈리기 때문에 지성을 이처럼 두 가지로 나누는 것이다. 학문적 인식의 부분은 변하지 않는 것들과 관련을 맺고 있는 반면, 숙고하는 부분은 변하는 것들과 관련을 맺고 있다. 변하지 않는 것들에 대해 깊이 생각할 사람은 없으므로 이런 구분은 자연스럽다고 하겠다.

지성의 두 가지 측면은 모두 진리를 추구하지만, 숙고적인 측면의 지성은 합리적 선택을 통해 진리를 구하려고 한다. 여기서의 진리는 변하지 않는 것들과 연관된 보편적 진리가 아니라 실천적 진리를 가리킨다. 그런데 이 진리에 도달하기 위해서는 선택을 해야 하므로 선한 도덕적 상태가 요구된다. 선택은 욕구와 합리성 사이에서 올바른 균형을 취하는 진리를 골라내는 것이다.

영혼이 진리를 발견할 수 있는 사유의 다섯 가지 유형은 기예, 학문적 인식, 실천적 지혜, (철학적) 지혜, 직관이다. 학문적 인식은 영원하고 변하지 않는 것들과 관련을 맺고 있다. 인식은 귀납이나 연역적 추론을 통해 이루어진다. 귀납은 개개의 구체적인 것에서 출발하여 보편적인 원리를 이끌어내는 반면, 연역은 보편적인 것에서 출발하여 구체적인 사례들을 이끌어낸다. 과학자는 사물의 존재이유를 설명할 수 있기를 바라기 때문에 학문적 인식은 제1원리가 포함되어 있어야 한다. 그러나 학문적 인식이 제1원리에 대한 인식을 필요로 하기는 해도 그 자체로 제1원리를 생성하지는 못한다. 직관은 제1원리를 파악하는 정신 상태다. 기예는 행위에 대립되는 것으로서 제작과 관계하며, 참된 이성을 동반해서 무엇인가를 제작할 수 있는 일종의 품성이다. 실천적 지혜는 잘 살아가는 것과 관련해서 일반적으로 심사숙고하는 것, 즉 인간에게 좋은 것을 극대화하는 해결책을 발전시키는 것과 관련이 있다.

(철학적) 지혜는 본성상 가장 영예로운 것들에 관해 직관과 학문적 인식이 합쳐진 것으로서 모든 것을 완전히 이해하며, 그것들의 제1원리와 거기에서 도출되는 보편적 사실에 대해서도 아는 것이다. 그러나 구체적인 것들과는 무관하기 때문에 실천적 지혜나 여타의 실천적인 것과는 거리가 멀다. 정치학은 비록 지혜의 도움을 많이 받기는 해도

실천적 지혜와 훨씬 더 밀접한 관련이 있다. 정치학에서 가장 즉각적으로 관심을 갖는 문제는 언제나 상황의 구체적인 것들인데, 그것들을 이해하고 그 속에서 해결책을 찾아내는 능력은 무척 중요하다.

'잘 숙고하는 것'은 목적을 성취하는 데 유용한 올바름이자 마땅히 해야 할 방식과 마땅히 해야 할 시간에 따른 올바름이고, 그것을 제대로 파악하는 것이 실천적 지혜다. 이해력은 실천적 지혜와 유사하다. 개별적인 학문 또는 항상 그런 것들이나 생겨나는 것들과 모두 관계하는 것이 아니라 오직 의문을 가질 수 있고 숙고할 수 있는 대상들에만 관계하기 때문이다. 그러나 실천적 지혜는 행하거나 행하지 말아야 할 것에 대해 명령을 내리고 그것이 목적인 반면, 이해력은 오로지 다양한 문제에 대한 다른 사람들의 설명을 올바로 판단하는 것뿐이다. 잘 이해한다는 것은 따라서 잘 배워 아는 것과 흡사하고, 공정한 것을 올바로 판단한다는 면에서는 판단력과 유사하다.

어떤 사람에 대해 묘사할 때는 지성, 판단력, 이해력, 실천적 지혜 등을 모두 고려하는 경향이 있다. 그것은 올바른 태도인데, 이런 특징들은 서로 밀접하게 맞물려 있기 때문이다.

지성적인 덕들이 무슨 쓸모가 있느냐고 의문을 제기할 사람이 있을지도 모른다. 지혜는 인간을 행복하게 만드는 것들은 탐구하지 않고, 실천적 지혜는 단지 좋은 것을 알아

보도록 인도할 뿐 행하는 능력은 아니기 때문이다. 이런 의문에 대한 첫 번째 답은 이것들은 모두 덕이기 때문에 비록 외적인 이득은 없더라도 그 자체로서 바람직하고 좋은 것이라는 사실이다. 두 번째는 이것들이 결국은 행복으로 이어진다는 사실이다. 직접 행복을 초래하지는 않지만, 행복을 가져오는 전체로서의 덕의 일부이기 때문이다. 인간이 고유의 기능을 성취하려면 실천적 지혜와 도덕적인 덕을 모두 갖춰야 한다. 도덕적인 덕은 원하는 것과 목표를 올곧게 해주고, 실천적 지혜는 그 좋은 목표에 도움이 되는 것들을 올곧게 해준다. 그 과정에서 실천적 지혜는 아직 논의되지 않은 영리함의 도움을 받는다. 목표에 도달할 수 있게 하는 능력인 영리함은 그 목표가 좋은 것이면 칭찬받을 만하고, 나쁜 것일 때는 교활함일 뿐이다. 따라서 실천적 지혜를 가진 사람이나 교활한 사람이나 모두 영리한 사람이라고 말하지만, 실천적 지혜는 좋은 사람이 아니면 가질 수 없다.

: 풀어보기

　학문적 인식에 대한 논의에서는 인식론*에 대한 아리

---

* **인식론**(epistemology): 인식·지식의 기원·구조·범위·방법 등을 탐구하는 학문. 인식에 대한 철학적 고찰은 고대나 중세에도 신의 인식으로서 행해졌으나 인간 주체의 인식 문제로서 철학의 중심 부문을 차지하게 된 것은 근세에 이르러서다. 존 로크의 〈인간오

스토텔레스의 근본적인 믿음을 엿볼 수 있다. 우리가 〈윤리학〉을 접하면서 맞닥뜨리는 한 가지 어려움은 그가 다른 저술들에서는 설명했지만 여기서는 전혀 언급하지 않는 어떤 가정들을 전제하고 있다는 점이다. 예를 들면, '학문적 인식의 목표는 필연성'이라는 것. 어떤 것을 학문적으로 인식한다는 것은 그것 자체가 아닌 다른 것일 수 없다는 사실을 이해시키는 능력을 갖는 것과 같은 뜻이라는 것이다. 그 능력은 매우 한정적인 것이 분명한데, 어떤 진술이 광범위하면 할수록 반드시 진실 아닌 부분이 포함될 가능성이 그만큼 커지기 때문에 아주 특정한 주제들만 학문적으로 이해할 수 있는 것이다. 따라서 아리스토텔레스는 이따금 자신이 부정확할 수도 있는 일반론과 파악할 수 없는 구체성이라는 진퇴양난에 빠져 있다는 사실을 깨닫고 〈윤리학〉 전반에서 매우 조심스러운 태도를 보이고 있다.

제6권에서는 다시 미학과 도덕의 연계성을 접하게 된다. 진리를 이해하는 도덕적으로 선한 영혼에서 유래하지 않는 기예는 참된 것이 아니고 '기예 없음'이라는 것이다. 그의 주장에 따르면, 참된 기예는 중용의 상태를 고수하고 그 이면에 진리와 합리성의 아름다움을 지니고 있기 때문

성론〉은 인식론의 전환점에 선 것이었고, 데이비드 흄 등의 영국 경험론에 의해 근대적 성격이 더욱 명확해졌으며, 칸트에 이르러 대성되었다.

에 불안정한 영혼에서는 나올 수 없다.

아리스토텔레스는 선택의 중요성을 되풀이해서 강조하고 있다. 제6권에서는 '잘 숙고하는 것'이 무엇인지 체계적으로 파악할 수 있도록 소개하고, 좋은 사람이 되는 데 결정적 요소인 선택의 과정을 기술하고 있다. 〈윤리학〉 뒷부분에서는 좀더 깊이 파고들어 '잘 숙고하는 것' 자체는 자유로이 선택되고 행해지는 과정이라고 주장하지만, 여기서는 숙고의 과정에 대해서만 서술하고 있다.

Book 7

피해야 할 품성이 세 가지 있다. 즉 악덕, 쾌락주의라고 불러도 좋을 자제력 없음, 짐승처럼 구는 것이다. '자제력 없음'에 대해서는 여러 가지 오해와 일관성 없는 견해들이 있다. 이 같은 견해의 불일치는 어떤 사람이 알면서도 자제력 없이 행동할 수 있는가, 또는 오직 무지 때문에 자제력 없이 행동하는 것인가, 라는 의문을 중심으로 생겨난다. 그 답은 사람은 알면서도 자제력 없이 행동할 수는 없다는 것이다. 왜냐하면, 자제력 없이 행동하는 사람은 언제나 완전한 무지 상태이거나 욕망, 술, 질병 등으로 인해 정신이 온전하지 않은 상태에서 행위하기 때문이다.

'자제력 없음'과 '자제력 있음'에 관계되는 것은 쾌락 고통이다. 인간은 두 가지 형태의 쾌락을 안다. 생물학적으로 필수적인 쾌락과 필수적이지는 않지만 그 자체로 선택할 만한 쾌락이다. 전자는 음식 섭취와 성관계 등의 육체적인 것이고, 후자로는 부나 명예를 꼽을 수 있다. 우리는 후자에

탐닉하는 사람들에게는 '자제력이 없다'고 말하지 않는다. 그러나 생리적 욕구와 관련된 쾌락을 지나치게 추구하고 굶주림, 더위 등 지나치게 고통스러운 것들을 피하는 사람은 자제력 없거나 유약하다고 말한다. 따라서 자제력 없는 사람과 무절제한 사람을 같은 부류로 생각하게 되고, 자제력 있는 사람과 절제하는 사람을 같은 부류로 본다.

지금까지는 적어도 정도의 차이는 있지만 모든 사람들에게 자연적으로 즐거운 것들에 대해 논의했다. 쾌락 중에는 정신장애, 습관, 못된 본성 때문에 생겨나는 것들도 있는데, 식인(食人), 사체 강간, 그리고 여타 잔학행위 등이 포함된다. 이처럼 역겨운 쾌락에 이끌리는 사람은 병적인 사람이라고 부를 수 있다. 어리석음, 겁 많음, 방종, 성마름 등의 예사로운 악덕에 지나치게 이끌리는 사람은 '짐승 같은 (어리석은) 품성'이라고 할 수 있다. 이런 경우들과 달리, 병적이지 않고 자연적인 욕망과 관계되는 경우에만 '자제력 없음'이라고 말한다.

육체적이지 않은 쾌락이나 자연스럽지 않은 욕망과 관계되더라도 그렇게 부르는 것이 타당한 경우에는 '자제력 없음'이라고 할 수도 있다. 한 예가 '분노에 대한 자제력 없음'이다. '분노에 대한 자제력 없음'은 '욕망에 대한 자제력 없음'보다는 덜 수치스럽다. 전자가 후자보다는 이성적이기 때문이다. 게다가 모욕이나 멸시를 당하면 좀 과장되는 면은 있더라도 분노는 마땅히 일어날 수 있다. 반면, 욕망은 기분이 언짢다고 해서 생겨나는 것은 결코 아니며, 이성이나 지각이 즐거운 것이라고 귀띔하면 바로 돌진하는 것이다.

쾌락에 대해서는 '자제력 있음' 또는 '자제력 없음'이라고 부를 수 있고, 고통에 대해서는 '강인하다' 또는 '유약하다'고 말한다. 이것들은 품성상태를 일컫는 것이지 결코 덕이라든가 악덕이 아니다. 무절제의 악덕은 '자제력 없음'보다 나쁘다. 자제력 없는 사람은 어떤 점에서 욕망을 통제하지 못하는 것이지만, 무절제한 사람은 좀더 통제력을 가지고 있으면서도 스스로 선택한 행동을 하기 때문이다. 자제력 없는 사람은 결코 자신이 옳다고 확신하지 않는 반면, 무절제한 사람은 자신이 옳다고 생각할 수도 있다. 자제력 없는 사람은 사악하게 행동하더라도 그 사람 자체가 사악하지 않지만, 무절제한 사람은 사악하다. 자제력 없는 사람은 덕을 이해할 수 있지만, 자신의 (좋은) 선택을 고수할 힘이 없다.

반면, 자제력 있는 사람이나 절제하는 사람은 자신의 신념을 지킬 힘이 있다. 자제는 고집이나 억셈과는 다르다. 자제력 있는 사람은 감정이나 욕망 때문에 마음을 바꾸지 않지만 경우에 따라서는 대화를 통해 설득이 가능하다. 그러나 고집쟁이는 욕망에 사로잡히고 대부분 쾌락에 이끌리기 때문에 당연한 말에도 마음을 바꾸지 않는다. 독선적인 사람, 무식한 사람, 꽉 막힌 사람도 고집쟁이에 속한다. 독선적인 사람은 자기의 믿음이 다른 사람들보다 뛰어나다고 느끼는 쾌락에서 힘을 받는다.

도덕적 덕을 논할 때는 쾌락에 관해 고찰하는 것이 필수적이다. 덕과 악덕은 쾌락과 고통에 연계되어 있기 때문이다. 쾌락은 좋은 것이 아니라고 말하는 사람들이 있는가 하면, 몇 가지는 좋은 것이라고 주장하는 사람들도 있고, 모든 쾌락이 좋은 것이라고 해도 가장 좋은 것일 수는 없다는 사람도 있다. 이런 견해는 쾌락, 인간의 본성, 그리고 참된 쾌락의 본질을 제대로 이해하지 못하기 때문에 생기는 잘못된 견해다. 인간이고 짐승이고 가릴 것 없이 모두가 쾌락을 추구한다는 사실은 쾌락이 가장 좋은 것이라는 증거다.

: 풀어보기

아리스토텔레스는 '자제력 없음'에 대해 논하면서 〈윤리학〉의 앞부분 그 어느 곳보다도 더 일반적인 생각에 대해 언급한다. 해당 주제에 대한 일반적인 생각을 폭 넓게 제시하고 잘못이나 모순된 부분을 지적한 다음, 남아 있는 생각의 토대 위에 자신의 논거를 쌓아가는 것이다.

'자제력 있음'과 '자제력 없음'이란 상태가 행위를 자발적인 것과 비자발적인 것으로 분류하는 아리스토텔레스의 방식에 중추라는 점을 눈치 챘다면, 그가 많은 지면을 할애해서 '자제력 있음'과 '자제력 없음'에 대해 논의하는 것은 이해할 만하다. 따라서 그가 인간의 행위에서 선택의 정도를 분석할 때는 '자제력 있음'과 '자제력 없음'이 열쇠가 되고, 중추적인 역할을 한다. 다시 말해, 비록 '자제력 있음'과 '자제력 없음'이 선택 자체는 아니라고 해도 인간의 선택에는 영향을 준다는 것. 이러한 맥락에서 '짐승 같은 유형'에 대한 묘사도 중요하다. '짐승 같은 유형'이란 '자제력 없음'과는 구별되지만 '자제력 없음'에 의해 조장될 수 있는 비열함으로 전락하는 것이다. '짐승 같은 품성'에는 쾌락을 지극히 좋아하는 것이 포함될 수 있지만, 그것은 좋은 선택을 할 수 있는 사람이 나쁜 선택을 하고 있다는 것이 아니라 해당 인물이 올바른 선택을 할 만한 고도의 이성 능력을 갖고 있지 않은 것이 문제가 되는 상태라고 규정된다. 아리스토텔레스는 짐승과 정신장애자들이 이런 상태에 처해 있다고 주장한다.

　제7권에서 아리스토텔레스는 두 개의 명제를 논리적으로 결합시키는 소위 삼단논법을 구사한다. 예를 들면, "A이면 B다"와 "B이면 C다"라는 두 개의 명제를 "A이면 C다"라는 결론으로 묶을 수 있다는 것이다. 그는 욕망에 대해 분석하면서 인간이 원하는 대상은 어떤 의미에서는 마음을 끌어당긴다고 믿는다. 인간은 원하는 대상을 보게 되면 영혼의 욕구 부분이 그 대상의 바람직한 면을 파악한 다음, 마음에 신호를 보내고 마음은 다시 근육과 관절에 신호를 보내 활동하게 만든다는 것. 아리스토텔레스는 이 결정이 몇 가지 전제에 대한 합리적인 이해를 바탕으로 내려지는 것이라고 믿는다. 그런 대전제 또는 보편적 전제는 "시리얼은 사람에게 좋다"라든가 "시리얼을 먹으면 허기가 가신다" 등의 언제나 변하지 않는 진리 같은 것이다. 소전제 또는 특정한 전제는 상황에 따라 달라진다. "저기 있는 것은 시리얼이다"라든가 "나는 배가 고프다" 등이다. 따라서 이처럼 다른 전제들에 대한 합리적인 숙고의 결과, "저것을 먹으면 허기가 가시겠구나"라는 결론을 내린다는 것이다. 삼단논법은 순수논리가 약간 변용된 것이다. 결론이 순수하게 지적인 것이 아니라 시리얼이 있는 곳으로 걸어가서 먹는 행동과 결부되기 때문이다. 이어 '자제력 없음'은 무지에서 비롯된다는 아리스토텔레스의 말은 "시리얼은 사람에게 좋다"와 "케이크는 맛이 좋다"는 두 개의 보편적 전제가 충돌하는 상황에 대해 말하고 있는 것이다. 최고인 것을 취하는 쾌락과 맛좋은 것을 취하는 표면적 쾌락을 놓고 선택해야 할 때 '자제력 없는' 사람이라면 케이크를 먹는다. 그 이유는 첫 번째 전제를 잠시 잊었기 때문인데, 결국 그 전제에 대해 무지해진 것이나 다름없다고 말할 수 있다.

Book 8

친애는 인간의 삶에서 가장 필요한 일종의 덕이다. 친구는 우리의 인격과 안녕을 규정하고 보존하며, 친구가 없으면 인간적 접촉과 안정도 빼앗긴다. 그런데 사람들을 사귀게 만드는 것이 무엇인지는 꼬집어 말하기 어렵다. 개중에는 서로 비슷한 면이 있기 때문이라고 말하는 사람이 있는가 하면, 서로 반대되는 면이 있기 때문이라고 주장하는 사람도 있다. 그 이유야 어떻든 친구는 서로의 잘못을 바로잡아주고, 서로 돌봐주고, 고귀한 행위를 하는 데 필요하다.

친애에는 세 종류가 있다. 유익한 것, 쾌락적인 것, 좋은 것. 유익을 추구하는 관계는 일반적으로 도움을 추구하는 나이든 사람이나 이익을 추구하는 젊은이 또는 전성기를 맞은 사람에게서 나타나는데, 서로에게서 어떤 좋음을 얻을 수 있을 때만 사랑하기 때문에 한계가 있다. 성애적인 친애를 포함해서 쾌락 때문에 성립하는 친애는 감정에 치우치고 쾌락적인 것을 추구하는 성향이 강한 젊은이들에게서 흔히 나타난다. 성애적인 친애도 빠르게 변하는 쾌락에 따라 바뀌기 때문에 아주 유한하다. 가장 완전한 친애는 좋은 것을 바탕으로 좋은 사람들 사이에서 맺어지며, 각자의 이익이나 쾌락을 찾아 상대를 사귀지 않고 서로가 잘되기를 바라면서 있는 그대로의 모습을 사랑한다. 이 같은 진정한 친애는 드물고 서서히 무르익지만 그만큼 탄탄하고 그들이 좋은 사람인 한 지속될 만큼 생명력이 길다.

두 사람 사이의 상태인 친애에는 함께 살면서 서로에게 기쁨을 주거나 대화를 나누는 등의 활동적인 요소가 있다. 그러나 친애는 활동적인 면이 없는 경우, 즉 친구가 서로 떨어져 있기 때문에 오랫동안 친애를 바탕으로 행위할 수 없는 경우에도 여전히 존재할 수 있다. 친애는 애호의 감정을 낳지만, 이 단순한 감정보다는 고귀하다. 애호는 무생물에 대해서도 성립하지만, 친애는 품성상태에서 나오는 합리적 선택을 통해 서로 호응하는 사랑을 하기 때문이다.

수준 낮은 형태의 피상적인 친애는 많은 사람과 맺을 수 있지만, 완전한 친애는 그것이 불가능하다. 대등하지 않은 사람 사이에서도 비례가 유지되는 한, 참된 친애가 존재할 수 있다. 즉 우월한 사람과 좀더 도움을 많이 주는 사람은 자신이 상대방을 사랑하는 것보다 더 많은 사랑을 받아야 하는 것이다. 친애는 사랑받는 것보다 사랑하는 것이 가장 중요한 것 같다. 어머니가 자식을 사랑하면서 기쁨을 느낀다는 사실이 그 증거다. 그리고 친구를 사랑하는 사람이 칭찬받는 것을 보면, 사랑하는 것은 친구들에게 속하는 덕이다. 진정한 친애이든 그만 못한 친애이든 모두 공동체를 지속시켜나가는 중요한 힘이다. 사실, 모든 공동체—부모 자식, 형제, 친구, 정치적인 공동체 등—는 그들만의 정의와 그들에게만 서로 보탬이 되는 감정을 가지고 있다.

정치체제에는 군주정, 귀족정, 금권정이 있으며, 군주정이 가장 낫고 금권정이 가장 나쁘다. 모두 저마다의 결함을 지닌 각 정치체제는 타락한 형태를 보일 수 있다. 즉 군주정은 참주정, 귀족정은 금권정, 금권정은 민주정으로 타락할 수 있는 것. 이들 정치체제는 각각 나름의 친애 형태를 갖고 있다. 이를테면, 군주와 신민 사이(군주정)에서 성립하는 가부장적 친애, 귀족정에서 성립하는 남편과 아내 사이의 친애, 금권정에서 성립하는 형제들 사이의 친애 등이다. 사회에는 여러 형태의 관계가 있고, 각각에 상응하는 친애의 수준이 있다. 친족들 사이의 친애도 다양한 형태를 띠는데, 결국에는 자식이 부모를 사랑하는 것보다 부모가 자식을 더 사랑하는 가부장적 친애에서 비롯된다. 형제자매와 사촌을 비롯한 친척들은 모두 같은 조상으로부터 연원하기 때문에 가부장적 친애가 존재하는 것이다.

　　제8권에서는 사회적 관례로서의 친애에 강한 관심을 보이고 있다. 아리스토텔레스가 그 주제와 친애라는 좀 더 광범위한 논의의 어떤 개인적 측면에 그토록 많은 지면을 할애한 이유는 고대 그리스의 친애 개념이 우리의 친애 개념보다 광범위했기 때문이다. 즉 동포애는 물론, 성공적인 업무 관계에서 쌍방 당사자가 느끼는 감정까지 포괄하는 의미였던 것. 결국 아리스토텔레스가 쓰고 있는 친애의 의미는 사회에서 나타나는 긍정적인 인간관계를 모두 아우르는 것처럼 보인다. 동시에 그가 조심스레 가장 좋고 가장 참된 친애의 형태라고 꼽는 것은 우리가 생각하는 친애에 가깝다.

　　아리스토텔레스는 우월성에 기초한 친애에 대해 논하면서 다시 한 번 비례 개념을 들먹인다. 사실, 두 친구 사이의 이러한 불평등 관념은 고대 그리스 사회에서 만연했던 거의 주종관계로 인한 친애를 미화한 것에 불과하다. 아리스토텔레스는 진정한 친애에서 두 친구가 서로에게 느끼는 정은 감정이 아니라 좋은 도덕적 상태에서 생겨나는 것이라고 지적한다. 아무래도 친구들 사이의 사랑은 감정적 반응이기보다는 철학적 반응이라고 말하는 것 같은데, 아리스토텔레스의 분석에는 좋은 도덕적 품성이 중추라는 점을 다시 한 번 증명하는 대목이다. 심지어 그는 인간관계의 질도 그 관계를 맺고 있는 사람들의 도덕적 품성에 따라 달라진다고 믿고 있다.

아리스토텔레스의 세 가지 정치체제 분류는 플라톤의 〈국가〉를 생각나게 한다. 물론, 플라톤은 〈국가〉에서 훨씬 구체적이고 광범위하게 그 주제를 다루고 있으나 어쨌든 두 사람 모두 몇 가지 가능한 정치체제와 그 체제들의 타락한 형태에 대해 논하면서 민주정을 군주정만도 못한 가장 나쁜 체제로 여긴다는 사실은 흥미롭다. 플라톤은 개인적인 원한으로 인해 민주정을 싫어했다. 민주정 때문에 친구이자 정신적 스승인 소크라테스가 죽었다고 믿었던 것. 반면, 아리스토텔레스가 민주정을 혐오한 이유는 귀족주의적인 가치관을 지니고 있었기 때문이다. 국가의 궁극적 목적은 자기처럼 교육받은 상류층 사람을 길러내는 것이라고 믿었고, 하층민들의 권리 등에 대해서는 조금도 관심이 없었던 것. 귀족이면서 부자였던 그의 이 같은 편견은 그의 철학에서 이따금 삐죽삐죽 그 모습을 드러낸다.

Book 9

　동등성에 기초하지 않은 모든 친애에서는 비례가 동등성을 산출하고 친애를 보존한다. 그런데 어떤 관계에서 양쪽이 서로 친애의 동기에 대해 다르게 생각할 경우에는 심각한 문제가 발생한다. 특히 어떤 봉사와 그 보상에 관해 문제가 생기는데, 그 경우에 봉사의 가치는 수혜자의 입장에서 판단하는 것이 가장 좋다. 미리 그 가격이 정해지지 않았다면, 수혜자가 그 가치를 결정해야 한다는 것. 특히 친구 사이에서 불화를 피하려면 행위 이전에 '치를 값을 미리 정하는 것'이 최선이다. 그런데 부모가 자식을 기를 때처럼 한쪽이 상대방 자체를 이유로 먼저 주는 경우라면 보상은 준 사람의 합리적 선택에 따라 이뤄져야 하며, 수혜자로서는 그 혜택을 완전하게 갚을 방도가 없다. 이런 경우라면, 수혜자는 그저 최선을 다하면 충분할 것이다.

　처음과 같지 않은 사람에 대한 친애는 해체해야 할까? 유익이나 쾌락을 좇아 맺어진 친애는 그 관계의 근본 목적인 유익이나 쾌락을 더 이상 얻을 수 없다면 해체되는 것이 당연하다. 선을 바탕으로 맺어진 친애의 경우에 한쪽이 나쁘게 변한다면 어떻게 해야 될까? 나빠진 쪽이 다시 좋은 사람이 될 가능성이 있을 경우에는 친애를 간직한 채 도와주는 것이 최선이지만, 도저히 나빠진 상태에서 벗어날 수 없는 친구라면 편안하게 관계를 끝내도 괜찮다. 비슷한 사람끼리 친구가 되는 것이 당연한데, 이 경우에는 다른 사람으로 변한 친구에게서 멀어지는 것이기 때문이다. 반면, 한쪽이 이전에 비해 훨씬 훌륭해져 다른 한쪽과 현격한 차이가 날 경우에도 여전히 친구로 지내야 할까? 이때는 친애를 지켜나가기가 쉽지 않지만 다른 한쪽이 지나치게 악해지거나 무능해져 친애가 깨지지 않는 한, 이전에 성립했던 친애를 생각해서 항상 친구로 대해야 한다.

우리가 관계를 맺고 있는 사람들에 대한 친애적 태도나 감정은 자기 자신에 대한 친애적 태도나 감정에서 비롯된 것처럼 보인다. 우리는 자신에게 좋은 것을 제대로 이해하지 않으면 친구들에게 좋은 것도 정확히 이해할 수 없다. 우리는 자신과 맺고 있는 관계를 친구들에게로 확장한다. 즉 우리가 자신과 맺고 있는 관계가 좋다면 다른 사람과의 관계도 좋을 것이고, 자신과의 관계가 나쁘다면 다른 사람과의 관계도 나쁠 것이다. 이 논거는 남들에게 나쁘게 행위하는 사람은 틀림없이 자기 자신에 대해서도 나쁘게 느낄 것이라고 바꿔 말할 수 있다.

선의는 서로 주고받는 것이 아니라는 면, 즉 모르는 사람에게도 생겨날 수 있고, 상대편에 알려지지 않고도 생겨날 수 있다는 면에서 친애와는 다르다. 선의는 대개 그것을 받는 사람의 장점이나 선에 의해 생겨난다. 마음의 일치는 친애적 태도나 감정처럼 보이지만 친애가 아니라 정치적 단위인 시민들이 어떤 상황에서 추구해야 할 일에 대해 정치적으로 뜻을 모은 상태다. 마음의 일치가 없으면 나라 안에는 여러 파당이 생기고 국가는 활력을 잃고 정체된다.

자기애는 종종 이기심이라고 비판받지만, 그 의미를 정확히 따져보면 사실 칭찬받을 만한 사람의 특징이다. 대중들은 돈, 명예, 육체적 쾌락을 자신에게 가장 많이 배당하려고 하는 사람을 가리켜 '자기를 사랑하는 사람'이라고 말한다. 그러나 덕스러운 행위를 하는 사람도 그 행위를 통해 자신에게 가장 많은 명예, 존엄, 행복을 배당하고 있다는 사실을 감안하면 그 역시 '자기를 사랑하는 사람'이라고 할 수 있다. 이처럼 비난받는 것과 다른 종류의 자기애에 따라 자기를 사랑하는 것은 아주 훌륭한 일이다.

좋은 사람도 참된 행복을 누리려면 신실하고 덕스러운 친구가 있어야 한다. 친구는 형편이 좋을 때나 역경에 처했을 때나 모두 필요하다. 형편이 좋을 때라면 친구에게 잘해줄 수 있고, 형편이 어려울 때는 친구의 도움을 받을 수 있

기 때문이다. 사실, 훌륭한 사람들 사이의 친애란 그 자체로
도 즐겁지만, 상호 교정을 통해 더욱 좋은 사람이 되는 것
같다. 서로 존경할 만한 특징을 본받기 때문이다.

제9권에서는 친애의 본질 대해 폭넓게 논의하면서 계
약에 입각한 봉사—이를테면, 기타라 연주 또는 철학자의
수업 등—의 주고받음에 대한 의견을 개진한다.

여기서는 플라톤과 아리스토텔레스가 모처럼 비슷한
생각을 지니고 있다는 것이 은연중에 드러난다. 플라톤은
〈국가〉에서 정의롭게 살지 않는 사람의 영혼에 일어나는
일을 심리적으로 상세하게 논한다. 그런 사람은 주변사람
들을 불행하게 만들 뿐만 아니라 자기도 불행하게 된다는
것. 반면, 아리스토텔레스는 상반된 경우를 통해 유사한 견
해를 전달하고 있다. 즉 올바로 살아가는 선과 그것이 모든
주변사람들에게 가져다주는 이득에 대해 논하는 것.

아리스토텔레스는 자기애에 대해서도 상세히 논한다.
제6권에서는 자신에게 불의를 저지를 가능성에 대해 논했
지만, 여기서는 반대로 자신을 이롭게 하는 덕스러운 삶에
대해 밝히고 있다. 타인에 대한 존중은 자기존중에서 비롯
된다는 그의 주장은 쉽게 공감할 수 있는 내용이다.

Book 10(1)

쾌락은 인간에게 가장 친밀하고 고유한 것이지만 논란이 많은 주제인 만큼 좀더 상세하게 논의할 필요가 있다. 어떤 사람들은 쾌락이 선 자체라고 주장하는 반면, 어떤 사람들은 전적으로 나쁜 것이라고 말한다. 전자는 짐승이나 사람이나 모든 것에서 쾌락을 추구하는 만큼 쾌락이 틀림없이 최고선이라고 생각했던 철학자 에우독소스*의 주장에 동조하는 것이라고 할 수 있다. 이런 주장은 사람들이 쾌락을 다른 것을 위한 수단으로서 선택하지 않고 쾌락이 그 자체로서 선택할 만한 것이라는 사실에 비춰볼 때 옳은 것처럼 보인다. 그러나 쾌락은 최고선일 수 없다. 그 점은 쾌락적인 삶도 지성이나 배움 같은 것이 더해질 때 좀더 나아질 수 있다는 사실을 감안하면 분명해진다. 정의(定義)에 의하

---

* **에우독소스**(Eudoxus. 408-355 B.C.?): 고대 그리스 수학자. 황금분할 이론을 발전시키고 그 명칭도 붙였다. 플라톤에게서 철학을 배움.

면, 더 나아질 여지가 없는 어떤 것이 최고선이기 때문이다. 쾌락은 전적으로 나쁜 것이라는 주장도 잘못이다. 쾌락은 지혜롭고 좋은 사람들을 비롯해서 누구나 추구하는 것인데, 좋은 사람은 그 자체로 나쁜 것은 결코 추구하지 않기 때문이다. 사실상, 모든 쾌락이 나쁜 것이란 주장은 논리적으로 취약하다. 자신에게 해로운 쾌락 또는 비도덕적인 수단으로 얻는 쾌락은 선하고 정의로운 사람은 추구하지 않는다는 점에서 참된 쾌락이 아니기 때문이다.

또 다른 잘못된 통념은 쾌락이 하나의 과정이라는 것이다. 쾌락의 상태에는 어떤 목적이 없고, 과정은 추구하는 목적이 있어야 한다. 쾌락은 시간의 길이를 놓고 규정하는 것이 아닌데, 과정에는 시간의 개념이 들어간다. 마지막으로 쾌락은 어떤 전체이고 더 많은 시간이 걸려 생겨났을 때 '완성될' 그런 것이 아니다. 즉 쾌락은 어느 시간에서나 완성된 것이다. 반면, 과정은 목적이 달성되면 완성된 것이 된다.

어떤 활동이든 최선의 방식으로 실행될 때 가장 완전하고 가장 즐겁다. 인간의 오감에는 각각 상응하는 쾌락이 있다. 그 같은 사실은 우리가 어떤 소리, 모습, 맛 등에 대해 즐겁다는 식으로 표현하는 것을 보면 분명해진다. 특히 각 감각에 따른 쾌락은 최고의 상태에 있는 감각이 최고의 상태에 있는 대상과 관계해서 활동할 때 생겨나면서 그 활동들을 완성시키고, 따라서 삶도 완성시킨다. 지적인 활동과

신체적인 활동처럼 다른 종류의 활동에는 다른 종류의 쾌락이 관련되어 있다. 쾌락은 활동들을 증대시키며, 바람직한 연쇄작용까지 일으킨다. 쾌락으로 인해 그 활동이 더 쉬워지면서 그 덕분에 그 활동이 더 즐거워지고 심지어 더더욱 쉬워지는 것. 반면, 활동 자체가 나쁜 것이든 또는 제대로 행하지 않아서 그렇든 쾌락이 없는 활동은 반복할수록 고통스럽고 힘들어진다.

여러 차례 입증되었듯이 어떤 쾌락과 욕망이 최상의 쾌락이고 욕망인지에 대해서는 좋은 사람을 척도로 삼으면 알 수 있다. 따라서 좋은 사람이 인정하는 쾌락이 진정한 쾌락이라고 말해도 터무니없는 것이 아니고, 다른 모든 쾌락보다 우월하다는 의미에서 인간에게 속하는 쾌락이라고 말할 수 있다.

행복은 인간다운 것의 목적이라고 규정했다. 그렇다면, 행복은 무엇이라고 서술할까? 행복이란 활동, 특히 영혼의 선한 도덕적 상태로 이어지는 활동에 달린 것이기 때문에 어떤 상태가 아니다. 행복은 그 자체를 위해 선택되는 선이고, 다른 것을 위해 선택되는 활동이 아니며, 더 이상 다른 것을 필요로 하지 않는 자족적인 것이다. 행복은 놀이나 휴식이 아니다. 놀이나 휴식은 목적이 아니라 행복에 이르는 수단 또는 더 많은 활동을 하기 위해 기운을 북돋는 수단일 뿐이기 때문이다.

　　제10권에서는 제7권에서 살펴보았던 쾌락에 대한 여러 견해를 다시 한 번 구체적으로 되풀이하고 있다. 아리스토텔레스가 어째서 이 이야기를 다시 언급하는지는 정확히 알 수 없으나 〈윤리학〉뿐만 아니라 그의 다른 저서들도 애초부터 출판을 염두에 둔 글이 아니라 리케이온에서 학생들을 가르치기 위해 준비한 교안이라는 점을 고려한다면 선생의 입장에서는 이따금 복습을 통해 주의를 환기시킬 필요가 있었다는 점은 이해할 만하다.

Book 10(2)

　　행복이 궁극적 목적이라면 인간의 가장 고상한 부분에서 유래하는 지고의 덕과 조화를 이루어야 한다. 지성은 인간 속에 존재하는 가장 고귀한 것이니 만큼 관조적인 활동야말로 최고의 활동이다. 나아가 관조적인 활동은 최고이고 가장 덕스러운 것을 추구하며 어떤 것에도 종속되지 않는다. 그렇다면 '지혜에 대한 사랑' 즉 철학은 가장 순수하고 가장 영원한 쾌락으로 이어진다. 그리고 철학적 지혜를 가진 사람은 혼자서도 관조할 수 있으며, 가장 자족적이다.

　　행복이란 행위 자체 이외의 무엇인가를 얻고자 하는 실천적 활동이기보다는 지적인 활동이기 때문에 여가를 필요로 한다. 정치나 전쟁은 실천적 활동 가운데 그 고귀함이나 위대함이 뛰어나다고 해도 여가(평화)를 얻기 위해 바삐 움직이기 때문에 여가와는 거리가 먼 것 같다. 반면, 지성을 따르는 여유로운 삶에서는 관조할 시간이 허용되고, 인간에게 내재하는 신적인 부분을 접할 수 있다. 물론, 다른 형태의 삶도 도덕적이면 행복을 가져오지만, 지성을 따르는 삶이 가장 좋고 가장 즐겁고 가장 행복하다.

철학적 삶에 대한 이 같은 견해는 다른 논거들에 의해 확인된다. 우리는 신들이 지극히 복되고 행복하다고 말한다. 그런데 어떤 행위를 신들에게 할당해야 할까? 그것은 관조뿐이다. 신성이 다른 모든 것—정의로운 행위, 자유인다운 행위, 절제 있는 행위 등—은 신들에게는 작고 어울리지 않는 것으로 만들었기 때문에 철학(관조)밖에 남는 것이 없다. 따라서 신의 활동은 관조적 활동일 것이고, 신들에게는 삶이 지극히 행복할 것이다. 그렇다면 인간적인 활동들 중에서도 이것과 가장 닮은 활동이 행복의 특성을 가장 많이 지니게 될 것이다. 게다가 다른 동물들은 관조적인 활동을 완전히 결여하고 있기 때문에 행복에 참여하지 못하고 있는 것이다.

이미 언급했지만 인간의 본성은 관조하기 위한 자족성을 갖추고 있지 않기 때문에 철학자들도 행복하려면 외적인 선, 즉 유복함을 필요로 한다. 그렇지 않으면 굶어 죽거나 추위로 고통받거나 비참해진다. 그러나 철학적 행복을 위해 큰 것이 필요하다고 생각하면 안 된다. 고통 없이 생존할 수 있는 정도면 되고 그 이상은 필요치 않은 것.

행복과 쾌락에 대해서는 이 정도만 알면 된다. 그러나 이 논의를 어떻게 실제의 삶에 적용할 수 있을까? 선은 가르쳐야 하는 것이다. 비록 선을 이해하기 위해서는 덕을 잘 받아들이는 품성을 가져야 하지만, 선은 품성적 특성이 아니다. 선에 대한 교육은 국가에 맡겨진 최적의 임무다. 어린 시절부터 선을 향한 가르침이 훈련을 통해 사람들 마음속에 확실히 자리 잡을 수 있도록 만드는 최상의 수단이 법률이기 때문이다. 그러나 국가가 이 책무를 제대로 수행하지 못한다면 부모가 대신 떠맡을 수 있다. 그러나 선과 덕에 대해 이론적 지식을 가르치려는 사람은 입법과 법률에 대해 어느 정도는 알고 있어야 한다. 강제와 처벌을 통해 사람을 가장 잘 가르칠 수 있는 것이 입법과 법률이기 때문이다.

그렇다면, 가르치는 사람들에게 누가 입법에 관한 지식을 가르쳐줄 수 있을까? 입법은 정치학의 한 부분이므로 정치학자들에게 배워야 할까, 아니면 정치적인 것을 가르친다고 선전하는 궤변론자들에게 배워야 할까? 정치인들은 사유하면서 글을 쓰거나 능력을 전수하기보다는 어떤 종류의 경험과 능력을 가지고 정치적 행위를 하는 것 같고, 궤변론자들은 정치학에 대해 전혀 모르기 때문에 가르칠 만한 능력이 없다. 행복한 삶의 철학적 바탕보다는 사실상 행복하게 살 수 있는 방법에 대해 알고 싶다면, 행복한 삶에 필요한 경험을 획득하는 정치학 연구에 전념해야 한다.

제10권에서는 행복이란 문제에 대해 답한다. 철학자의 삶이 참된 행복에 이르는 길이라는 것. 우리는 지금까지 여러 번 플라톤의 〈국가〉와 아리스토텔레스의 〈윤리학〉을 비교했다. 플라톤도 〈국가〉에서 철학적 쾌락과 세상에 대한 이해가 최선이므로 철학자들이 사회를 이끌어나가야 한다고 말한다. 플라톤과 아리스토텔레스의 결론이 우리들 귀에는 이상하게 들릴 수 있지만, 당시의 철학은 오늘날의 철학과는 그 의미와 영향력이 아주 달랐다. 우선, 당시 그리스에서는 철학, 수학, 과학이 오늘날보다 훨씬 밀접하게 연관되어 있었고, 문예 부흥기와 과학혁명* 이후에 와서야 비로소 철학과 과학이 분리되었다. 따라서 아리스토텔레스의 철학 옹호는 전반적인 학문과 연구가 중요하다는 의미로 이해해야 한다. 둘째, 철학, 특히 아리스토텔레스가 실천한 철학 방식은 실용적이고 도덕적인 면에서 상당한 영향력이 있었다.

그런데 아리스토텔레스가 궤변론자들을 들먹이면서 철학적으로 의미 있는 것은 가르칠 능력이 없는 자들이라

---

* **과학혁명**(Scientific Revolution): 대략 코페르니쿠스의 〈천체운행론〉과 베살리우스의 〈인체구조론〉이 출판된 16세기 중엽부터 뉴턴이 〈자연철학의 수학적 원리〉를 출판한 17세기말 사이에 일어난 세계관의 근본적인 변화를 일컫는다. 물리학·천문학·생물학 등에서 혁명적인 발견들이 이루어졌으며, 전통적인 우주관이 근본적으로 변하면서 근대적인 우주관이 출현했다.

고 비난한 점은 주목할 만하다. 궤변론자들은 여러 설명을 종합하면 떠돌이 현인이거나 사기꾼이었는데, 실제로는 전국을 돌아다니며 돈을 받고 젊은이들을 가르친 유랑 교사였다. 소크라테스가 혹세무민 혐의로 기소되었고 결국 궤변론자라고 판결받았다는 사실은 흥미롭다. 이런 사실은 자신과 스승 소크라테스의 철학이 궤변론자들의 말장난과는 너무나 격이 다르다고 생각했던 플라톤으로서는 정말 참기 어려웠을 것이다. 어쨌든 플라톤과 아리스토텔레스는 궤변론자들을 경멸한다.

아리스토텔레스가 〈윤리학〉을 마무리하면서 윤리를 올바로 이해하는 유일한 길은 정치학을 이해하는 것이라고 결론지은 점은 흥미롭다. 모든 윤리학은 공동체와 관련된 것이고, 다른 종류의 학문들은 모두 정치학에 종속한다고 믿고 있던 아리스토텔레스로서는 이런 식의 결론을 내릴 수도 있겠지만, 어떻게 보면 다른 목적을 위한 일종의 낚시질일 수도 있다. 결국 〈정치학〉을 저술했으니까.

Review

다음 질문에 대해 간단히 서술하시오.(—부분은 참고만 할 것)

1. 플라톤의 형상론과 아리스토텔레스 철학의 핵심 사상이 지닌 유사점과 차이점을 논하라. 이것들은 아리스토텔레스가 납득시키려고 애썼던 만큼 정말 그렇게 다른가?

   — 아리스토텔레스는 형상론이 과학적 귀납을 근거로 하지 않는다면서 무시했으나 그의 보편론과 별 차이가 없어 보인다. 형상이나 보편성은 어떤 사물이 규정될 수 있는 추상적 특질이다. 다만, 두드러진 차이점이라면 아리스토텔레스는 형이상학적인 범주에 대해서는 체계적으로 규정하려 들지 않았다는 사실이다. 플라톤은 모든 것을 형상으로 설명하려고 했던 반면, 아리스토텔레스는 보편 개념을 실재하는 유형의 사물에만 적용했던 것.

2. 아리스토텔레스는 상속받은 토지에서 나오는 수입으로 살던 부자 귀족이었다. 그의 사회적 신분이 그의 철학에 어떤 영향을 미칠 수 있었을까?

   — 그의 신분이 그의 철학적 사상에 영향을 주었다는 사실은 몇몇 논점에서 엿볼 수 있다. '포부가 큰 것'에 대한 그의 논의는 어떻게 보면 '포부가 크지' 않을 수 없었던 부자 귀족의 관점을 드러낸다. 그의 신분에 따른 영향은 정치체제에

대한 논의에서도 잘 나타난다. 그의 정치적 견해는 〈정치학〉
에 소상히 설명되어 있지만, 〈윤리학〉에서도 어느 정도는 윤
곽을 드러내고 있다. 민주정을 경멸하는 아리스토텔레스는
인권이나 평등 같은 개념에 대해 아무런 의식이 없다. 그저
자기 같은 점잖은 부자들에게 공부하고 철학할 수 있는 여
가를 주는 정치체제를 이상적이라고 생각했던 것.

3.　선민의식을 지닌 귀족이자 철학적으로 엄격한 입장을 고수한 아리
스토텔레스이지만 자신의 논거를 입증하기 위해 이따금 상식을 들
먹이고 있다. 그가 일반적인 지혜를 그토록 높이 평가한 이유는?

　— 〈윤리학〉은 실천적 철학에 관한 저술이라는 것이 첫 번
째 대답이다. 저서의 성격이 그렇다 보니 실천적 도덕이 뚜
렷한 의미를 지니며, 좀더 중요한 이유는 그의 철학 방식이
평범한 지혜의 수용을 배제하지 않는다는 사실이다. 관찰에
따른 결론을 중시했던 아리스토텔레스는 일반적인 믿음은
많은 사람들의 관찰에 의한 결과이기 때문에 지극히 믿을
만한 근거가 될 수 있다고 생각했던 것. 물론, 일반적인 지혜
도 오류가 생길 수 있겠지만, 철학자들의 심오한 분석에 지
침을 제공할 수 있다고 믿었다. 끝으로, 〈윤리학〉은 실제 행
위를 위한 지침서이기 때문에 일반적인 믿음에 뿌리를 둠으
로써 제자와 독자들이 좀더 친숙하게 받아들이도록 만들고
싶었는지도 모를 일이다.

4.　고대 그리스인들의 친애 개념은 오늘날의 개념과 사뭇 다르다. 아
리스토텔레스는 친애에 대한 당시 사람들의 일반적인 견해에 반대
하고 있는가, 아니면 자신의 철학에 결합시키고 있는가? 이 질문에
대한 답변이 아리스토텔레스의 철학적 방법론에 대해 암시하는 것
은?

5. 〈윤리학〉은 오늘날의 이상에도 영향을 미치고 있다. 그의 윤리관과 오늘날의 도덕은 어떤 면에서 비슷하고, 어떤 면에서 다른가?

6. 아리스토텔레스가 〈윤리학〉에서 자신의 논거를 입증하기 위해 삼단논법을 어떻게 이용했는지 논하라.

7. 아리스토텔레스의 삶은 당시의 정치적 상황으로 인해 이따금 소용돌이에 휘말렸다. 그 같은 경험이 인간의 행복, 덕, 좋은 삶 등에 대한 그의 견해에 어떤 영향을 주었을 것이라고 생각하는가?

8. 윤리학은 학문적으로 다루기에 어려운 주제다. 아리스토텔레스는 도덕적 덕을 체계화하려는 시도에서 성공을 거두고 있는가?

一以貫之 논술노트

상투적 해설에서 벗어나기　○

실전 연습문제　○

一以貫之는 '논어'에 나오는 말로 '모든 것을 하나의 이치로 꿴다'는 뜻입니다.

논술의 주제와 문제 유형, 제시문들은 참으로 다양하고 가지각색입니다. 그러나 그 모든 것을 하나로 꿸 수 있습니다. '인간사회의 보편적 문제늘에 대한 근원적인 물음에 답하는 자기 나름의 견해'라는 것이지요. 논술은 인간이면 누구나 부닥치는 개인적 또는 사회적 문제들에 대한 자기 나름의 고민이자 성찰입니다. 논술은 자기견해, 자기 가치관, 자기 삶에 대한 솔직한 고백입니다.

一以貫之 논술연구모임은 '자신의 물음'과 '자신의 생각'을 갖고 '자신의 글'을 쓸 수 있도록 도와줍니다.

〈집필진〉
우한기, 김재년, 이호곤, 박규현, 김법성, 김병학, 도승활, 백일, 우효기, 조형진

상투적 해설에서 벗어나기

해설이 문제다

이 책, 〈니코마코스 윤리학〉이 어려운 것은 분명한 사실이다. 한 번쯤은 책을 펼치지만, 끝을 보는 게 여간 힘들지 않다. 딱딱한 문체, 무미건조한 전개, 반복되는 구절에 질려버린다. 무엇보다 끝없이 나오는 '선', '덕' 같은 오리무중인 개념들이 그렇다. 대가라고 불리는 사람치고 그렇지 않은 사람 어디 있나. 이 양반도 역시, 하곤 책꽂이에 모셔두는 게 보통이다.

그러나 이제이북스 2006년 번역본(이창우·김재홍·강상진 역)을 보면서 달리 생각하게 되었다. 아리스토텔레스의 어투가 비록 낯설고 개념이 까다로운 건 여전하지만, 그래도 이 책은 읽힌다. 번역이 문제였던 것이다. 현실의 언어로는 도무지 붙들 수 없는 개념들, 즉 '선'이니 '덕'이니 하는 것을 남발하는 바람에 이 책을 이해할 수 없게 되어버린 것이다. 나를 포함한 거의 모든 독자들은 원어로 읽을 능력이 되지 않고, 개념에 정통하지도 않다. 그러나 최소한 한글이 되기만 한다면, 어렵더라도 끈기 있게 읽어낼 용의가 있는 독자들은 꽤 있을 터. 문제는 한글로 옮겨졌지만 한글이 아니라는 데 있었다. 독자들이 이 책을 외면한 결정적인 까닭이.

그런데 해설을 위해 이 '스파크노트'를 읽으면서 이것은 비단 한글로 옮기는 문제만이 아니라는 것을 알게 되었다. 이 '노트'는 미국 사람이 미국 사람들에게 소개하기 위한 글이다. 여기서도 똑같은 문제가 있었다. 그러고 보면, 현실 언어와 맞지 않는 개념들을 막무가내로 들이민 것은 원어를 한글로 옮기면서 생긴 문제가 아니라, 원어→영어→한글로 전달되면서 생긴 문제다. 가령 고대 그리스의 'aretē'를 영어 'virtue'로 옮기고 그것을 한자어 '덕'으로 옮기는 식이다. 그러나 aretē와 virtue는 완전히 다른 말이다. 고대 그리스 사람들의 '덕'은 우리가 생각하는 '도덕' 같은 것과는 별 상관이 없는 말이었던 것이다. '선'이라고 옮기는 'agathon'도 마찬가지다. 개념을 오해하면서 내용까지 엉뚱하게 바뀌어버린 것이다.

개념의 문제는 영어권 번역자의 문제만은 아니다. 서양인이 서양 고전을 읽으면서 겪는 애로점은 우리가 동양 고전을 읽으면서 겪는 것과 흡사하다. 이를테면, 노자의 〈도덕경〉에 나오는 '德'도 우리가 흔히 쓰는 '도덕'과는 완전히 다른 의미이고, 그 바람에 글 전체를 제대로 이해할 수 없게 된다. 이처럼 같은 개념을 쓰는데도 그 의미가 다르다. 그렇다면 아예 오늘날의 용어로 바꿔야 할 텐데, 그게 여간 부담스럽지 않다. 이런 뜻으로 해석하라고 미리 주문하고 시작하더라도, 그건 전문가들에게나 먹힐 얘기다. 문제는 일반 독자들이 그 바람에 책으로부터 아예 멀어져버린다는 데 있다.

하여 이번 해설은 우선적으로 이 '노트'를 제대로 이해할 수 있게 바로 잡는 것이 되어버렸다. 그것이 이 '노트'를 통해서나마 원전에 접근하려는 독자들에게 차리는 최소한의 예의라는 생각에서다. 그러노라면 얼마간 이 책을 이해할 것이고, 전체를 읽어보려는 독자도 조금은 나오지 않겠는가. 미리 말씀드릴 것은 이 해설이 앞서 소개한 한글 번역본의 도움을 크게 받았다는 사실이다. 특히 개념어는 전적으로 이 번역본에 따랐다.

'선'과 '덕'?

고대 그리스인들의 agathon을 영어로는 good으로 옮기는데, 이것을 우리말에서는 지금까지 '선'으로 옮겼다. 오늘날 우리가 쓰는 '선'에는 도덕적 의미가 짙게 배어 있지만,

고대 그리스인들의 agathon에는 도덕적 의미가 없다. 가령 '좋은 기술자'라는 말에는 도덕적 의미가 없는데, 고대 그리스인들은 이럴 때도 agathon이라는 말을 쓴다. 이것을 '선한 기술자'라고 할 수는 없지 않은가. 차라리 '뛰어난 기술자'라는 게 더 어울릴 것이다. 그러니 이것을 '선'이라 읽지 말고 포괄적 의미인 '좋음'으로 새기는 게 좋겠다.

이와 비슷한 오해를 불러일으키는 것이 '덕'이라고 번역된 aretē다. 고대 그리스인의 aretē는 앞의 agathon의 연장선상에서 이해해야 한다. 좋은 기술자란 그 일을 지속적으로 잘 해낼 만한 기능이나 자질을 갖춘 사람이다. 마찬가지로 좋은 사람은 제 인간다움을 실현할 만한 자질(품성상태)을 갖춘 사람이다. 그런 점에서 보자면, aretē는 '탁월성'이라고 옮기는 게 타당하다. 이것이 도덕적인 의미를 배제하는 것은 아니다. 도덕적인 행동이 필요할 때 그리 하는 것이 곧 탁월한 것이니까. 그렇더라도 그것은 탁월성이라는 개념 안에 포함되는 것이지, 탁월성이 도덕으로 축소되는 것은 아니다.

'좋음'과 '탁월성'의 의미를 '선'과 '덕'으로 축소하는 바람에 생기는 문제를 이 '노트' 곳곳에서 발견할 수 있다. 제2권 '요점정리' 맨 첫째 문장에 "덕은 지적인 덕과 도덕적인 덕이 있다"라는 게 나온다. 도대체 '도덕적인 덕'이란 무엇인가? 이 말을 "탁월성은 지적인 탁월성과 성격적인 탁월성이 있다"로 고쳐보자. 그러면 열심히 공부해서 탁월한 기능이나 자질을 익힌 사람과 제게 어울리는 일을 많이 해서 탁월한 성품이 몸에 밴 사람이 떠오를 것이다. 같은 문단 마지막 문장에 나오는 "덕스러운 행동이 덕스러운 성격을 만든다"는 말은 이제 "탁월한 행동이 탁월한 성격을 만든다"로 고쳐 읽어야 한다. 즉 상황과 자신에 어울리는 행동을 자주 반복해서 아예 몸에 배게 함으로써 탁월한 품성상태를 습관처럼 갖추게 된다는 것이다.

개념상의 혼란은 아리스토텔레스가 논한 개별적인 탁월성들에서 더더욱 문제가 된다. 가령 제3권 '풀어보기'에서는 아리스토텔레스가 논한 용기를 비판한다. '오늘날의 관점에서 보면 용기는 행위자의 도덕적 상태와는 실제로 무관하며…'라면서 아리스토텔레스의 용기가 너무 협소하다는 것이 비판의 요지다. 이것은 탁월성을 도덕이라고 생각했기 때문에 생기는 문제다. 비평자가 말하는 도덕과 아리스토텔레스의 탁월성은 별 상관이 없는 것이고, 아리스토텔레스는 도덕적인 것만이 용기라고 보지도 않았다. 다만 두려움과 대담함의 중용이 용기라고 했고, 그 용기는 용기 있는 활동이 쌓여 성격적 탁월성으로 자리 잡는다고 했을 따름이다. 그것이 결과적으로 고귀한 것, 오늘날의 용어로는 도덕적인 것이 될 수는 있겠다. 제6권 '풀어보기'의 기예에 대한 언급도 마찬가지의 문제를 보인다. '도덕적으로 선한 영혼에서 유래하지 않는 기예는 참된 것이 아니고 '기예 없음'이라는 것이다"라는 말은 아리스토텔레스를 왜곡한 것이다. 아리스토텔레스는 기예를 여러 가지 탁월성들과는 별개의 탁월성으로 언급한다. 다른 탁월성들이 탁월한 행위를 위한 것이라면, 기예는 제작을 위한 탁월성이기 때문이다. 아리스토텔레스의 말을 옮기면, "결국 기예는 참된 이성을 동반해서 무언가를 제작할 수 있는 제작적 품성상태와 동일한 것이 될 것이다."(1140ª.10) 그러니까, 기예는 이성을 동반하는 점에서는 여타의 탁월성과 같지만, 행위를 위한 것이 아니라 제작을 위한 탁월성이라는 점에서 다르다는 것이다. 한마디로 탁월한 제작적 품성상태에서 유래한 기예야말로 진정한 기예라는 말이다. 물론, 이 탁월성이 타고난 재능과 꾸준한 노력의 결실일 것은 다른 탁월성과 마찬가지로, 분명한 사실이다.

이상 몇 가지 사례를 보더라도 '선'과 '덕'이라는 개념이 얼마나 큰 오해를 불러일으키는지 충분히 짐작할 수 있다. 그러니 처음부터 '좋음'과 '탁월성'으로 번역해 놓은 책을 구해서 읽는 게 원뜻에 더 가까이 다가가는 길일 것이다.

이렇게 개념상의 혼란을 다루다보니 아리스토텔레스의 윤리학이라는 것이 우리가 대체로 생각하던 것과는 꽤 큰 거리가 있다는 것을 알 수 있다. 주어진 도덕에 맞추어 살라는 것이 아니고, 오히려 자신의 탁월성을 가꾸고 길러

그에 따르는 활동을 하는 것이 윤리적인 삶이라는 것이다. 이제 우리는 아리스토텔레스가 왜 행복을 최고선이라고 하는지, 행복해지기 위해서 필요한 것들은 무엇인지, 그를 위한 우리의 구체적인 노력으로는 무엇이 있는지에 주목하면서 이 책을 대할 수 있게 되었다.

책 전체의 구성

이 책을 그냥 순서대로만 읽다가는 어느새 안개 속을 헤매는 듯 막막해진다. 했던 이야기가 끊임없이 반복되는가 하면, 앞뒤가 맞지 않는 얘기가 불쑥 튀어나오기도 한다. 그도 그럴 것이 이 책은 200년간 묻혀 있던 것을 발굴하여 편집자가 재구성한 것이기 때문이다. 그것도 아리스토텔레스의 강의록을 편집한 것이다 보니 편집자가 나름대로 맥락을 잡아 짜 맞춘 것이다. 자연히 중복이 잦고 두서없는 이야기도 많다. 그래서 여기서는 간략하게 책 전체가 어떻게 구성되었고, 어떤 흐름을 가지고 있는지를 살펴보고자 한다. 그러면 굳이 처음부터 끝까지 순서대로 읽기보다는 큰 흐름을 중심으로 가려 읽을 수도 있을 것이다.

제1권은 총론에 해당하는데, 여기서 행복이 최고선이라는 것을 밝힌다. 행복은 어떤 것의 수단이 아니고 그 자체로서 목적이 되는 것, 곧 자족적인 것이다. 그리고 행복은 어느 한 순간의 즐거움 같은 것이 아니라, 일생에 걸쳐 누리는 것, 곧 지속적인 것이어야 한다. 어떻게 해야 행복한 삶을 살 수 있는가? 그것은 행복에 이르는 활동을 통해서만 가능하다. 그 활동은 불쑥 저지르는 우연한 것이 아니라, 어떤 상황에서도 적절하게 선택해서 행동하는 것이라야 한다. 어떻게 그런 활동이 가능한가? 여기서 성격적 탁월성 또는 탁월한 품성상태라는 개념이 나온다. 탁월한 품성상태를 유지하는 자는 급박하면 그에 맞게, 순탄하면 또 그에 맞게 탁월한 활동을 할 수 있기 때문이다.

제2권은 바로 이 탁월성을 다루는 장이다. 성격적 탁월성은 배운다고 생기는 것이 아니다. 탁월한 활동을 반복적으로 실천해서 아예 몸에 배어야만 생기는 것이다. 맹자의 말마따나 "의를 모음[집의(集義)]으로써 크고 굳은 기상[호연지기(浩然之氣)]이 생긴다"는 것이다. 달리 어찌할 수 없을 만큼 탁월성이 습관화될 때 목에 칼이 들어와도 꺾이지 않는 기상을 발휘할 수 있다는 것이다. 성격적 탁월성은 남들이 볼 때는 탁월한 것처럼 보이더라도 정작 당사자는 당연한 듯이, 그리 하는 것이 오히려 편하다는 듯이 해내는 품성상태라고 할 수 있다.

이 탁월성은 즐거움과 고통을 대하는 태도와 밀접한 연관이 있다. 흔히들 오해하는 것과 달리 아리스토텔레스는 금욕주의자가 아니다. 그는 즐거움을 즐겁게, 고통을 괴롭게 잘 대하는 것이 탁월성이라고 한다. 문제는 지나치거나 모자란 데 있다. 즐거움과 고통을 잘 대하는 품성상태를 유지하는 사람이라면 때에 따라 적절한 선택과 활동을 할 수 있을 것이다. "제대로 기뻐하고 슬퍼하는지, 아니면 나쁜 방식으로 그러는지는 행위에 적지 않은 차이를 가져오는 것이니까."(1105ª.6) 고로 탁월성은 겉으로 드러나는 행위가 아니라, 어떤 상황을 대하는 품성상태를 의미한다. 물론 겉으로 드러나는 모습을 보면 품성상태를 짐작할 수 있겠지만, 그렇다고 둘이 같은 것은 아니다.

아리스토텔레스가 권유하는 것은 꾸준한 활동을 통해 탁월한 품성상태를 습관화하라는 것이다. 이 탁월한 품성상태가 구체화된 것이 바로 중용이다. 6장에서는 중용을 정의하고, 7장에서는 성격적 탁월성들, 곧 중용이 구체적으로 발휘되는 영역들을 개괄한다.

그런데 이런 성격적 탁월성만 갖추면 곧바로 올바른 행위가 나오는 것일까? 그런 상황에 의연하고 적절하게 대처한다 하더라도 예기하지 않았던 이런저런 문제가 튀어나올 것이고, 그런 것들은 품성상태만으로는 해결할 수 없는 문제다. 여기서 목표에 제대로 이를 수 있기 위한 '합리적 선택'의 문제가 나온다. 제3권은 이것을 다룬다.

제3권의 전반부는 자유와 책임에 관한 내용이다. 그 행위가 자발적인 것이라면 그 결과에 당연히 책임을 져야 한다. 더구나 성격적 탁월성에 입각한 선택이라면 당연히 그 결과도 의연히 받아들일 수 있을 것이다. 그러나 이것이 말처럼 쉬운 것만은 아니다. 왜냐하면, 내 품성상태가 다가오는 불확실성을 늘 기꺼이 받아들이고 항상 적절하게 행동할 정도로 굳건한가 하는 것은 미지수이기 때문이다. 그렇더라도 그 결과는 언제나 내 책임이다.

품성상태의 경우 처음에는 통제할 수 있더라도, 질병의 경우와 마찬가지로 그 개별적인 진행은 알지 못하기 때문이다. 그렇지만 이런 방식으로 대처하느냐 혹은 대처하지 않느냐는 것은 우리에게 달린 것이기 때문에, 품성상태도 자발적인 것이다.(1115ᵃ.31-34)

고로 올바른 행위를 위해서는 성격적 탁월성만으로는 안 된다. 성격적 탁월성은 목표를 세우는 데 도움을 주는 것일 뿐이다. 이제 그 목표를 제대로 이루기 위해서는 불확실한 경로를 성찰하고 따지는 심사숙고가 필요하다. 가령 남들이 다 가는 대학이지만 그것이 나한테 어울리지 않는다는 것을 생각하고는 진학을 포기할 용기를 발휘하는 경우를 보자. 그가 이런 결정을 내리는 데서는 성격적 탁월성을 발휘하여 의연할 수 있을지 모른다.(물론, 아리스토텔레스는 젊은이는 경험이 부족하므로 성격적 탁월성을 발휘할 수 없다고 한다. 여기서는 그것을 무시한다.) 그러나 그 결정만으로 만사가 제대로 풀리는 것은 아니다. 그의 앞길에 도사리고 있을 수많은 난관과 불확실성을 심사숙고하여 헤쳐 나가야만 한다. 그 과정을 제대로 대처하지 못한다면 성격적 탁월성마저 언제 꺾일지 알 수 없는 일이다. 합리적 선택은 이처럼 자기가 선택할 수는 있지만, 경로와 결과가 불확실한 것을 숙고하는 것이다.

제3권의 후반부에서 제5권까지는 개별적 탁월성들을 다룬다. 구체적으로 보면, 용기(3.6-9), 절제(3.10-12), 자유인다움(베풂, 관후)(4.1), 통이 큰 것(호탕)(4.2), 포부가 큰 것(자긍, 긍지)(4.3), 작은 명예와 관련하는 탁월성(명예를 좋아하는 것)(4.4), 온화(온유함)(4.5), 교제와 관련한 탁월성(친애, 상냥함)(4.6), 진실성(4.7), 재치(4.8), 수치(4.9), 정의(제5장 전체) 등이다. 이 개별적 탁월성들은 지나침과 모자람의 중간들인데, 지나침과 모자람은 곧 악덕(탁월하지 못함)이 되는 것이다.

성격적 탁월성과 악덕의 도표

	관련 감정—행위	지나침	중용	모자람
감정pathos 영역	두려움과 대담함	무모	용기	비겁
감정pathos 영역	즐거움과 고통	무절제	절제	목석같음
감정pathos 영역	노여움	성마름	온화	화낼 줄 모름
외적인 좋음	재물(보통)	낭비	자유인다움	인색
외적인 좋음	재물(큰 규모)	품위 없음	통이 큼	좀스러움
외적인 좋음	명예(보통)	명예욕	[이름 없음]	명예에 무관심
외적인 좋음	명예(큰 규모)	허영심	포부의 큼	포부의 작음 [소심함]
사회적 삶	진실	허풍	진실성	자기 비하
사회적 삶	즐거움(놀이)	[저급]익살	재치	촌스러움
사회적 삶	즐거움(일상)	아첨/속없이 친하려 함	친애	뿌루퉁함
사회적 삶	즐거움(일상)	아첨/속없이 친하려 함	부끄러워할 줄 앎	파렴치
탁월성은 아닌 감정	부끄러움	숫기 없음	부끄러워할 줄 앎	파렴치
탁월성은 아닌 감정	부끄러움	숫기 없음	부끄러워할 줄 앎	심술
탁월성은 아닌 감정	부끄러움	숫기 없음	의분	심술
탁월성은 아닌 감정	이웃의 상황	시샘	의분	심술

이 중에서 정의에 관한 긴 설명은 워낙 유명하기 때문

에 굳이 따로 소개하지는 않는다. 다만, 나는 포부가 큰 것(긍지)에 대해서만큼은 꼭 짚을 작정이다. '노트' 필자가 아리스토텔레스의 계급적 한계를 드러냈다고 여기는 것과는 달리, 내 보기엔, 우리 젊은이들이 반드시 읽어야 할 것이라 여겨서다. 또 흔히들 베풂 또는 관후로 번역하는 '자유인다움'은 소제목을 보자마자 경탄하게 된다. 이것은 재물을 대하는 데서 중용을 다루는 것인데, 받기보다는 주기를 중심으로 접근한다. 탁월한 사람이 수동적인 것에 만족하지 않으리란 점은 누가 봐도 빤한 이치다. 그런데 왜 그 제목이 '자유인다움'인가. 그것은 지나치게 받는 것만 좋아하는 '인색'이 노예적이라는 인식에서 나온 게 아닌가 싶다. 내놓을 줄 모르면서 받으려고만 하는 것은 현대인들의 삶의 특징이라고 할 만하다. 그 때문에 평생을 노예처럼 노동(밥벌이)만 하고, 떨어지는 몇 푼 때문에 자유로운 삶을 포기하는 것 아니겠는가. 그런 점에서 이것은 '포부가 큰 것'과 맥을 같이하는 것으로 보면 좋겠다.

　　제6권은 사유의 탁월성을 다룬다. 사유의 탁월성은 크게 '학문적 인식의 부분'과 '이성적으로 헤아리는 부분'으로 나뉜다. 우리가 제6권을 전체의 맥락에서 이해하려면 특히 '이성적으로 헤아리는 부분'에 주목해야 한다. '학문적 인식'은 정답이 있고 행위와 그리 큰 연관이 없는 것인데 반해, '이성적으로 헤아리는 부분'은 행위와 직접 연관을 맺기 때문이다.

우리의 관심사는 이 사유의 탁월성이 성격의 탁월성과 어떻게 연결되는가에 있다. 이를 이해하기 위해 잠시 아리스토텔레스의 영혼관을 살피는 게 좋겠다. 영혼은 크게 '이성을 가진 부분'과 '이성이 없는 부분'으로 나뉜다. '이성을 가진 부분'은 다시 '자체 안에 이성을 가지고 있는 부분'('학문적 인식의 부분')과 '이성에 설복/저항하는 부분'('이성적으로 헤아리는 부분' 또는 '실천적 지혜')으로 나뉜다. '이성이 없는 부분' 역시 '욕구적인 부분'과 '식물적인 부분'으로 나뉜다. 주목할 것은 '실천적 지혜'가 '욕구적인 부분'과 겹친다는 점이다. 이렇게 이성과 욕구가 만나는 것이다. 제6권은 이 만남을 다룬다. 물론, 제1권 후반부와 제2권 전반부에서 이미 다뤘던 것이지만, 제6권은 특별히 상세하게 해명한다.

이 대목에서 무수한 주제와 의문들이 쏟아진다. 그러나 이것은 윤리학의 영역을 넘어서는 것이다. 나는 다만 제기할 수 있는 질문들을 던지고 그것이 어떤 주제로 이어지는지만 간단히 언급하고 넘어가겠다. 그런 만큼 독자들은 이 부분을 건너뛰어도 무방하다.

1. 실천적 지혜 역시 사유의 탁월성이라면 그렇지 않은 사유, 즉 지나치거나 모자란 사유도 있을 수 있다는 것이고, 이 또한 이

성을 가진 부분에서 나온 것이라고 해야 할 텐데, 도대체 그 관계가 애매하다. 아리스토텔레스는 '이성적으로 헤아리는 부분'을 '의견을 갖는 영역'이라 부르고 여기서 '영리함'과 '실천적 지혜'가 나온다고 해명한다. 영리함은 실천적 지혜를 포괄하는 것이지만, 실천적 지혜 아닌 영리함이 나오는 곳이기도 하다. 이 여집합이 그릇된 지혜를 심는 것이리라. 그렇다면 그가 나눈 다섯 가지 사유의 탁월성은 부정적인 사유를 배제한 것이라고 해야 할 것이다.

2. 실천적 지혜와 욕구가 만나야만 성격적 탁월성이 형성된다면, 그렇지 않은 영리함과 만난 욕구는 악덕이 될 것이다. 그렇다면 욕구는 이렇게 수동적이기만 하고 이성만이 능동적이고 규정적이라는 것인가? 여기서 아리스토텔레스는 실천적 지혜도 성격적 탁월성과 마찬가지로 경험의 산물임을 강조한다. "나이가 젊더라도 기하학자나 수학자가 될 수 있고, 또 그와 같은 일에서 지혜로운 자가 될 수 있지만, 실천적 지혜를 가진 사람이 될 수는 없다. … 젊은이들에게는 경험이 부족하다. 경험을 만들어내는 것은 오랜 시간이니까."(1142ª.11-15) 그렇다면 경험이 둘을 모두 성장시킨다는 셈인데, 어떤 원리로 그러한가?

3. 실천적 지혜와 성격적 탁월성을 왜 굳이 이렇게 나누어야 하는가? 간단한 대답은 이렇다. 만약 둘을 똑같은 것이라고 한다면 이성적인 부분과 비이성적인 부분을 구분할 필요가 없어지기 때문이다. 아리스토텔레스로서는 이성에서 비롯하는 실천적 지혜와 비이성[몸, 자연]에서 비롯하는 욕구가 같아진다는 것은 도저

히 있을 수 없는 일이다. 결국 이 문제는 이성과 자연을 이원론적으로 나눌 것인가, 아니면 일원론적으로 합칠 것인가의 문제로 귀결된다. 이것이 일원론적인 동양적 사유와 가장 크게 차이나는 대목이리라.

　4. 지혜와 욕망을 동일하게 보는 것은 소크라테스의 주지주의와 맞물린다. 소크라테스는 '아는 것은 곧 하는 것', 즉 지행합일의 관점에 입각해 있다. 그렇다면, 실천적 지혜와 성격적 탁월성을 나눌 까닭이 없다. 실천적 지혜를 제대로 갖춘 사람이라면 당연히 성격적 탁월성이 몸에 배어 있을 것이다. 성격적 탁월성이 있지 않고서는 도저히 실천적 지혜를 갖추었다고 말할 수 없지 않은가. 예를 들면, 형제를 사랑하지 않는 사람이라면 형제를 사랑해야 한다는 앎을 갖췄다고 볼 수 없다. 말로만 떠드는 것을 앎이라고 인정할 수 없다는 것이다. 그러나 아리스토텔레스의 관점은 다르다. "소크라테스는 탁월성이 이성이라고 생각했던 반면(그에게는 모든 탁월성이 앎이었으니까), 우리는 탁월성이 이성을 동반하는 것이라고 생각하는 것이다."(1144^b.28-29) 안다는 것만으로는 탁월성을 갖춘 것이 아니고, 그 앎이 욕구와 구체적으로 만나야만 비로소 탁월성을 인정할 수 있다는 것이다. 그는 이미 제2권 4장에서 '탁월성의 소유 여부와 관련해서 안다는 것은 아무런 중요성을 가지지 않거나 작은 중요성을 가질 뿐'(1105^b.2)이라고 단정했다. 이 주제는 누구의 손을 일방적으로 들어줄 수 없어 보인다. 소크라테스의 말마따나 제대로 행하지 않는다면 그

것을 안다고 말할 수 없는 것이기도 하고, 아리스토텔레스처럼 머리로는 알지만 행동으로 옮기지 못하는 경우도 얼마든지 있을 수 있기 때문이다. 그렇지만 실천적 윤리학의 차원에서라면 소크라테스가 더 설득력이 있어 보인다. 아리스토텔레스의 가르침 역시 습관화될 때 성격적 탁월성이 형성된다지 않는가.

5. 결국 이 주제는 인간 본성의 문제로 이어진다. 아리스토텔레스는 인간의 본성이 탁월성을 갖출 자질을 타고났다(자연적 탁월성)는 점을 인정한다. 그러나 그것이 저절로 성격적 탁월성(엄밀한 의미의 탁월성)으로 이어지는 것은 아니다. 엄밀한 의미의 탁월성은 실천적 지혜와 만나야만 성립할 수 있는 것이다. 그러면 실천적 지혜는 무엇인가? 그 역시 인간만의 본성인 이성의 산물이다. '의견을 갖는 영역'을 타고난 인간은 이 영리함을 경험으로 다듬어 실천적 지혜를 실현할 수 있다는 것이다. 합치면, 인간은 지적 탁월성과 성격적 탁월성의 가능성을 타고난 존재다. 그러나 이것은 아직은 가능성일 뿐이다. 이 가능성은 경험과 습관을 통해 다듬어서 실천적 지혜와 성격적 탁월성으로 길러야 비로소 현실화될 수 있는 것이다.

제7권에서는 지금까지 추구해야 할 탁월성들을 다룬 것과 달리 회피해야 할 악덕을 다룬다. '자제하지 못함'이 그것이다. 이것은 즐거움(쾌락)과 연관된 문제인 만큼 후반부로 가면 즐거움으로 자연스럽게 주제가 이동한다. 이 즐거움은 다시 제10권에서 다루게 되는데, 확실히 이 저작의 일관성을 의심하게 하는 대목이다.

제8권과 제9권은 공통적으로 인간관계에서의 탁월성을 다룬다. 왜 후반부에 다시 탁월성을 반복하는가, 하는 의문이 들 법한 장면이다. 그러나 이것은 전체의 흐름상 어쩌면 당연한 배치일 것이다. 지금까지 다룬 탁월성들은 주로 개인적 차원의 것이었다. 그러나 아리스토텔레스가 생각하는 개인은 '더 이상 구분할 수 없는 최소 단위'(individual)가 아니다. 이 점은 제1권에서 분명히 했다.

인간은 본성상 폴리스적[=사회적] 동물이기 때문에, 우리가 이야기하는 자족성은 자기 혼자만을 위한 자족성, 고립된 삶을 살아가는 사람을 위한 자족성이 아니다. 부모, 자식, 아내와 일반적으로 친구들과 동료 시민들을 위한 자족성이다.(1097^b.7-9)

따라서 친애(우정)에서 시작하여 정체의 문제로까지 이어지는 흐름은 일관된 의도로 전개한 것이라고 이해하는 것이 옳다. 우리가 흔히 생각하는 우정을 떠올리면 이 구성은 확실히 이상해 보이지만, 당시의 인간관계는 시민으로서의 관계였으므로 우정이라기보다는 '친애'로 옮기고 보면, 이해하는 데 그리 큰 지장은 없을 것이다.

제10권의 초반부는 다시 즐거움을 언급한다. 제7권에

서 언급할 때는 즐거움이 자제력을 없앨 수 있다는 점을 경계했지만, 제10권에서는 즐거움을 긍정적으로 논한다. 이런 이유로 혹자는 앞뒤가 맞지 않다는 점을 지적하기도 한다. 아리스토텔레스의 즐거움을 이해하기 위해서는 총기획에 해당하는 제1권을 상기할 필요가 있다. 그는 행복의 특성으로서 자족성과 지속성을 들었다. 그렇다면 즐거움 역시 이 행복에 기여할 수 있는 것이라야 진정한 즐거움일 수 있을 것이다. 자족성과 관련해서는, 즐거움 자체를 위해 행동하는 것은 자칫 자제하지 못할 위험이 있다. 이것이 제7권에서 즐거움을 경계하는 까닭이다. 즐거움을 즐거움답게 대하려면 그 즐거움이 지속적인 것이어야 한다. 이것이 제10권이 보는 즐거움이다. 어찌해야 지속적인 즐거움을 누릴 수 있을까. 그것은 어떤 목적을 달성할 때만 누리는 것이어서는 안 된다. 그런 즐거움이라면 목적을 달성할 때 누리고선 이내 꺾여버릴 것이기 때문이다. 가령 '결혼은 사랑의 완성'이라는 말을 떠올려 보자. 그 말이 옳다면 결혼식 할 때까지는 즐거웠다가 결혼하고 나서부터는 시들해지게 된다. 따라서 즐거움은 활동에 동반되는 것, 전체적인 행복에 따르는 것이어야 한다. 그래서 아리스토텔레스는, 즐거움은 어떤 운동이나 과정이 아니라 활동이라고 한다.

제10권 후반부는 결론 격이다. 여기서 저 유명한 관조적 활동으로서의 행복이 나온다. 이 결론은 확실히 당혹스럽다. 철학자만이 최고의 행복을 누릴 수 있다는 말 아닌

가. 게다가 지금까지 들었던 그 모든 탁월성들이 결국은 최고에는 미치지 못하는 행복에 불과했다는 말 아닌가. 열 올리기 전에 다시 제1권을 떠올리자. 아리스토텔레스가 처음에 '행복이란 무엇인가'를 논하면서 깔아두었던 다음의 전제를 언제나 기억해야 한다. 읽다가 막히는 일이 생기면 이 전제가 그것을 이해하는 데 꽤 많은 도움을 준다.

인간의 기능이 무엇인지 파악된다면, 아마 이것(행복이란 무엇인가)이 이루어질 것 같다. 피리 연주자와 조각가, 그리고 모든 기술자에 대해서, 또 일반적으로 어떤 기능과 해야 할 행위가 있는 모든 사람에 대해서, 그것의 좋음과 잘함은 그 기능 안에 있는 것처럼 보인다. 그처럼 인간의 경우에도 인간의 기능이 있는 한, 좋음과 잘함은 인간의 기능 안에 있을 것 같아 보인다. …

그렇다면 이제 남게 되는 것은 이성을 가진 것의 실천적 삶이다. 이성을 가진 것의 한편은 이성에 복종한다는 의미에서, 다른 한편은 그 자체 이성을 가지고 사유한다는 의미에서 '이성을 가진 것'이다. 또 이러한 삶 역시 두 가지 방식으로 이야기되기에, 우리가 여기서 찾고 있는 삶은 (이성적) 활동에 따른 삶이라고 해야 할 것이다.(1097^b.24-1098^a.5. 괄호 안은 필자가 첨가)

인간이 행복하려면 인간이 갖춘 기능을 잘 발휘해야 한다. 그런데 인간만이 갖춘 기능은 이성이다. 그 이성이 둘로 나뉜다면, 이성에 따른 실천도 둘로 나뉜다. 이성에 잘 복종하는 삶과 그 자체 이성을 가지고 잘 사유하는 삶으로. 지금까지 살핀 것은 이성에 잘 따르는 삶이었다. 그러나 그 보다 더 행복한 것은 그 자체 이성을 발휘해서 잘 사유하는 것 아니겠는가. 그것이 관조적 활동으로서의 행복이다. 이 처럼 그의 최종 결론은 그의 최초의 전제에 논리적으로 부 합하는 것이다. 그러나 그렇게 열 받을 것은 아니다. 그 자 체 이성을 잘 발휘하는 삶은 철학자더러 사시라 그리고, 우 리는 이성에 따른[동반한] 삶, 그러니까 이성이 가리키는 제 가진 기능을 잘 발휘하는 삶을 살면 된다. 그것으로도 충분히 행복할 수 있다.

중용

전체의 흐름이 생각보다 길어졌지만, 이 정도라면 이 책 전체를 이해하는 데 어느 정도는 도움이 되리라 믿는다. 여기서는 중용에 대해 특별히 살피고자 한다. 중용은 이 책 전체를 통틀어 가장 중요한 개념인데, 상투적인 해석이 가 장 심하게 오해하는 대목이기도 하다.

성격적 탁월성의 유(類)가 품성상태라면, 중용은 성격 적 탁월성의 종차(種差)다. 그러니까, 성격적 탁월성은 품성상태의 차원에서 이해해야 하는 것인데, 그것이 이해되었다면 이번에는 그 품성상태가 어떤 것인지(성질)를 알아야 한다는 것이다. 여기서 다시 앞에서 봤던 제1권의 전제를 떠올리자. 그러면 이성적으로 자기만의 기능을 잘 발휘하게 하는 품성상태가 곧 성격적 탁월성임을 알 수 있다. 그 자기만의 기능이 잘 발휘되는 상태, 다시 말해 성격적 탁월성의 상태가 곧 중용이다. '노트'의 필자는 이 점을 오해하고 있다. 그는 제2권 '풀어보기'에서 이렇게 말한다. 굳이 이렇게 인용하는 것은 이 오해가 그 필자만 저지르는 게 아니기 때문이다.

아리스토텔레스는 덕 자체에 강한 애착을 나타냄으로써 중용의 고수를 어기는 흥미로운 모순을 범하고 있다. 삶의 대원칙으로서 중용을 실천하라고 권하면서도 덕 자체에서는 중용을 추구하면 안 된다고 생각하고, 오히려 덕에 완전히 헌신하는 한쪽 극단을 권하고 있는 것.

그러니까, 중용을 대원칙으로 제시하면서 왜 덕에 대해서는 무조건 추구하라고 하느냐는 항변이다. 우선은 '아레테'를 '덕'으로 옮긴 탓이다. 그렇더라도 이 독법에는 심각한 문제가 있다. 그의 용법에 따라 '덕'이라는 말을 그대로 쓰더라도, 이것은 중용이 덕의 성질을 이야기한다는 사실을 놓치고선 열심히 씹어대는 꼴이다. 덕의 성질인 중용을 이야기하는 데서 덕에 완전히 헌신하라고 하는 건 너무나 당연하지 않은가.

중용은, 일단은, 중간의 의미를 갖는다. 이것이 아리스토텔레스의 중용을 미적지근한 것이라든가, 경직된 것, 또는 어정쩡한 것으로 오해하는 까닭이다. 좀 배웠다는 사람들이 공자의 중용과 아리스토텔레스의 중용을 대비하면서 아리스토텔레스의 중용을 이렇게 평가하는 것을 듣는 일조차 종종 일어난다. 이것은 아리스토텔레스가 중간을 어떻게 다루는지를 몰라서 생기는 일이다. 그는 중간을 '대상에 대한 중간'과 '우리와의 관계에서 중간'으로 나눈다. 대상에 대한 중간은 길이를 재는 것처럼 계산이 된다. 따라서 그것은 언제 어디서나 정해진 중간을 갖는다. 그러나 우리와의 관계에서 중간은 상대적이다. 씨름선수에게 중간에 해당하는 식사량과 우리에게 중간치 양이 같을 리가 없질 않은가. 아리스토텔레스의 중용에서 중간은 바로 이 우리와의 관계에서 중간을 의미한다. 그리고 이 점은 공자의 중용과 정확히 일치한다.

마땅히 그래야 할 때, 또 마땅히 그래야 할 일에 대해, 마땅히 그래야 할 사람들에 대해, 마땅히 그래야 할 목적을 위해서, 또 마땅히 그래야 할 방식으로 감정을 갖는 것은 <u>중간이자 최선</u>이며,

바로 그런 것이 탁월성에 속하는 것이다.(1106^b.21)

군자의 중용이란 군자의 덕을 갖추고 있으면서 때에 따라 중(中)에 맞추어 행동함이다. 소인이 중용에 반하여 행동하는 것은 소인의 마음을 가지고 있으면서 아무런 거리낌 없이 행동함이다. … 군자는 자신의 현재 처지에 따라 행하고 그 밖의 것을 바라지 않는다. 부귀한 처지에 있다면 부귀한 사람이 해야 할 일을 하고, 가난하고 천한 처지에 있다면 가난하고 천한 사람이 해야 할 일을 하며, 오랑캐와 같은 처지에 있다면 오랑캐가 해야 할 일을 하고, 환난에 처해 있다면 환난에 처한 사람이 해야 할 일을 하는 것이다. 군자는 어떤 처지에 놓인다 하더라도 스스로 만족하지 못하는 경우가 없다. 윗자리에 있을 때에는 아랫사람을 업신여기지 아니하며, 아랫자리에 있을 때에는 윗사람에게 매달리지 아니한다. 자기를 바르게 하고 남에게 책임을 돌리지 않으면 원망이 없게 될 것이니, 위로는 하늘을 원망치 않고 아래로는 사람들을 탓하지 않게 될 것이다. 그러므로 군자는 편안하게 처신하면서 천명을 기다리고, 소인은 위험한 것을 행하면서 요행을 바란다.〈中庸〉

공자가 중용을 '때에 따라, 처지에 따라' 행하는 것이라고 하는 것은 아리스토텔레스의 '마땅히 그래야 할'이라는 말과 다를 게 없다. 또 이런 중용이 '군자의 덕'을 갖춘 자에게서 나온다는 말은 성격적 탁월성이 몸에 배어야 한다는 아리스토텔레스의 말과 잘 통한다. 아리스토텔레스의 중용이 그저 중간치만 한다는 것이 아니라는 증거는 밑줄 친 '중간이자 최선'이라는 말이다. 제게 어울리는 행동이지만, 그것이 남이 볼 때는 극단적인 행동처럼 보일 수도 있는 것이다. "탁월성은 그것의 실체와 본질을 따르자면 중용이지만, 최선의 것과 잘해냄의 관점을 따르자면 극단이다." (1107a.6) 그러기에 공자나 아리스토텔레스 모두 중용을 실천하는 것이 지극히 어려운 일이라고 하는 것이다.

그렇게 하는 것은 결코 누구나 할 수 있는 일도 아니며, 쉬운 일도 아니다. 바로 그런 까닭에 이런 일을 잘 하는 것은 드물고, 칭찬받을 만한 일이며, 고귀한 일이다.(1109ª.28)

공자의 중용에서 밑줄 친 '그 밖의 것을 바라지 않는다'는 말이나 '편안하게 처신하면서 천명을 기다린다'는 말은 무슨 뜻인가. 한마디로 결과에 연연하지 않는다는 것이다. 제게 가장 어울리는 선택을 하는 사람은 결과에 구애받지 않는다. 결과는 어차피 하늘이 정하는 것이니 인간으로서는 어찌할 수 없는 노릇이다. 그러니 인간으로서 최상이랄 수 있는 중간의 삶을 실천하는 것이 최선의 삶이다. 이렇게 결과를 버리니 편안하게 저다움의 삶을 실천할 수 있는 것이다. 이 역시 중용의 상태를 마치 당연한 듯이, 편안하게 탁월성을 발휘하는 것이라고 한 아리스토텔레스의 말과 통한다.

마치면서—젊은이여, 부디 긍지를

아리스토텔레스의 윤리학이 고색창연해 보일지라도, 오늘날 우리에게 적용할 덕목이 무척 많다. 누구는 그것이 너무나 당연한 얘기 아니냐 하지만, 내 보기에는 그렇지 않다. 당연하지 않을 뿐더러 오늘 우리 시대, 특히 우리 젊은 이들에게는 더더욱 절실하기까지 하다. 중용의 덕목이 바로 그것이다. 제 할 바를 태연히 해내면서 결과에 매이지 않는 그런 젊은이. 이런 모습을 가장 잘 보여주는 것이 바로 포 부가 큰 것, 곧 긍지다. 몇 번을 거듭 읽는 동안 내게 가장 큰 감탄과 절망을 안겨준 것이 바로 제4권 3장과 그 연장선 상에서 제10권 7장이다. 특히 제10권 7장은 내 나름으로는 이 책의 최종 결론이 아닌가 싶다. 그때의 느낌을 내가 운 영하는 클럽에 올렸는데, 그것을 옮기면서 마무리하련다.

세상에서 흔히 명예롭다고 여기는 것들이나 남들이 뛰어나 게 잘 하고 있는 일들을 목표 삼지 않는 것이 긍지 있는 사람의 특징이다. … 그는 또한 반드시 공공연히 미워하며 공공연히 사랑 한다. 또 내놓고 말하며 내놓고 행동한다.(1124^b.24 이하 발췌)

요즘 젊은이들 사는 꼴은 더 이상은 지켜보기 힘들다. 실망을 넘어 절망으로, 아예 체념으로 이어질 판이다. 얘기를 나누다보면, 무슨 노인네를 상대하는 것 같다. 아직 40대 중반인 나도 안 하는 생각을 하는 걸로 봐선 세상 이치 다 꿰뚫었고, 벌써 한 5, 60년은 산 것 같다. 언제부터 그렇게 밥 굶었다고, 헐벗었다고 온통 먹고 사는 걱정, 그런 전망뿐이란 말인가! '나이를 거꾸로 먹는 나라', 21세기 초반 대한민국의 자화상이다.

긍지가 없는 거다, 자기에 대한, 인간에 대한, 삶에 대한, 생명에 대한. 남들 하지 않는 일이더라도 그것이 나와 세상에 도움되는 일이라면 하는 것. 사소한 일은 사소하게 고귀한 일은 고귀하게 다룰 줄 아는 것. 굶주릴지언정 억지로는 하지 않는 것. 누가 뭐라 해도 나쁜 건 나쁜 거고 좋은 건 좋은 거라고 말하는 것. 몰래 숨어 속삭이지 않고 당당하게 그렇다! 아니다! 외치는 것. 대신 제 이익과 관련된 이야기는 떠벌이지 않는 것. 언제 목소리를 높이고 언제 목소리를 죽이는지를 보면 그의 긍지를 알 수 있다.

목숨 걸고 덤비는 게 고작 진학이나 취업을 위한 공부다. 왜 목숨을 걸까? 해도 해도 안 되기 때문이다. 그건 영원히 안 되는 거다. 안 되는 일인데도 무조건 해야 한다고 생각하니까 목숨을 거는 거다. 누구는 조금만 해도 뛰어나다고 푸념이나 해댄다. 바보 아냐? 그 시간에 제가 잘할 수 있는 일을 찾을 생각을 못한다. 토끼하고 거북이가 달리기 시합하는 게 말이나 돼? 되도 않을 걸 연습한다고 잘할 수 있어? 그 시간에 헤엄쳐야지!

왜 반드시 대학을 가야 한다고 생각하는가? 대학이 도대체 뭘 가르쳐주는데? 고작 직업훈련소 정도밖에 안 되는 곳 아닌가. 하긴 그래서 간판이 필요한 거다, 'SKY 직업훈련소'라는.

실력자가 될 생각을 하라! 제 분야를 갖고, 그 분야에서는 나랏님에게도 당당한 그런 사람. 가령 지리산의 생태에 대해 모르는 게 없는 사람, 한강 생태에 정통한 사람 말이다. 그런 사람이 되려는데 대학이 왜 필요한가. 그런 거 가르쳐주는 대학이 있기나 한가. 그에게 대학은 지리산이요, 한강이다. 그 모든 생명과 대화할 줄 아는 그런 실력자가 정말이지 그립다. 그 생명들과의 대화를 수십 권의 책으로 펼쳐내고, 강의하는 사람. 그런 그가 죽어가는 생명들에 눈 뒤집혀 떨쳐 일어날 때 세상은 바뀌는 거다.

할 수 있는 데까지 우리 자신을 불사불멸의 것이 되게 하고, 우리 자신 속에 있는 최선의 것을 따라 살도록 온갖 힘을 기울이지 않으면 안 된다. 이 최선의 것은 부피는 작지만 그 능력과 가치에서는 모든 것을 능가한다. 그것은 바로 각 사람 자신이다. 사람이 그 자신의 생활을 택하지 않고 다른 어떤 것의 생활을 택한다

고 하는 것은 부조리한 일이다.(1177^b.31-1178^a.3)

이 얼마나 위대한 말씀인가! 내 안에 있는 최선의 것을 따라 살라는 말씀 말이다. 내 안에 최선이 있는데 다른 것, 남들이 우러르는 것, 남들이 잘하는 것을 택하는 것은 얼마나 부조리한가. 내 것은 비록 보잘 것 없어 보여도 그 능력과 가치에서는 모든 것을 능가한다. 그게 바로 나를 위해 하나님이 준비하신 달란트다. 내 안에 든 그것을 꺼내어 열심히 갈고 닦아 빛나게 하는 것, 주인이 맡긴 5달란트를 수고하여 10달란트로 불린 종처럼. 이것은 예수가 든 천국의 비유다. 내 능력, 내 재주, 나만의 것, 그걸 제대로 써먹는 것이 예수가 말한 천국의 삶이다. 천국은 뒈져서 찾아가는 곳이 아니다. 말씀만 줄줄 왼다고, 기도나 해댄다고, 교회나 절집을 열심히 들락거린다고 가는 곳도 아니다. 지금-여기! 내가 발 딛고 있는 바로 이곳에서 누리는 것이다. 그래서 예수는 요한복음에서 너희가 바로 '신들gods'이라고 말씀하신 거다.

우리는 모두 하늘에서 내려온 별들이다.—체 게바라

왜 기를 쓰고, 그렇게 열심히 공부하고 일하면서까지, 타락하려는가.

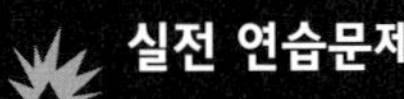

〈2008 대입 경희대 논술 수시 2-1 A형〉

[공통계열]

다음 〈제시문〉을 읽고 [논제]에 답하시오.

(가)

　다른 어느 것보다 궁극적인 것으로 여겨지는 것이 행복이다. 우리는 언제나 행복을 그 자체 때문에 선택하는 것이지 결코 다른 어떤 것들 때문에 선택하지는 않기 때문이다. 우리는 명예, 쾌락, 이성 그리고 다른 모든 덕(德)을 그 자체 때문에 선택하기도 하지만, 행복 자체를 위해 이러한 것들을 선택하기도 한다. 누구든 명예, 쾌락, 이성 때문에 행복을 선택하지 않으며, 또 일반적으로 그 자체 이외의 다른 것들 때문에 행복을 선택하지도 않는다.

　자족(自足)의 관점에서 보더라도 동일한 결론이 나온다. 궁극적인 선(善)은 자족적이라고 여겨진다. 그런데 자족이란 어떤 한 개인, 고독한 삶을 영위하는 사람만을 위해서 충분하다는 것을 의미하는 것이 아니라 부모, 자녀, 아내, 일반적으로 친구나 시민들을 위해서 충분하다는 것을 의미한다. 인간은 시민으로 태어났기 때문이다.

(중략)

이제 우리는 자족이란 것을 그 자체만으로 삶을 바람 직하게 해주는 것, 또 아무것도 부족함이 없는 것으로 정의 한다. 우리는 그러한 자족을 행복이라고 생각한다. 그러므 로 행복은 궁극적이고 자족적인 어떤 것이며, 행위의 목적 이다.

(중략)

행복한 생활은 덕 있는 생활이다. 그런데 덕 있는 생 활은 노력을 필요로 하며 오락적인 것이 아니다. 그리고 노 력을 필요로 하는 것들은 재미있는 것들이나 오락과 관련 된 것들보다 더 좋으며, 무엇이든지 두 가지 것 가운데 보 다 좋은 쪽의 활동이 좀더 많은 노력을 필요로 한다. 그러 나 보다 좋은 쪽의 활동은 그대로보다 좋은 활동이며 행복 의 성질을 좀더 많이 가지고 있다.

(나)

모든 인간은 오직 자기의 생활을 잘 하고자 자신의 행 복을 위해서 살고 있다. 자기의 행복에 대한 희구(希求)를 느끼지 못할 때, 그때 인간은 자기를 살아 있는 것으로 느 끼지 못한다. 인간은 자기의 행복을 바라지 않고서는 인생 을 생각할 수 없다. 개개인에게 산다는 것은 행복을 바라는 것, 행복을 얻는 일이다.

　　인간은 오직 자기 자신 속에서만, 자기 개인 속에서만 생명을 느낀다. 그러므로 인간에게는 무엇보다 자기가 바라는 행복은 오로지 자기 혼자만의 행복인 것같이 생각된다. 그에게 실제 살아 있는 것은 자기 혼자만인 것처럼 생각하게 된다. 다른 존재의 생활은 자기의 생활과는 전혀 다른 것같이 느낀다. 즉 그저 생명 비슷한 것에 지나지 않는 것같이 느껴진다. 인간은 다른 존재의 생활을 그저 관찰할 따름이다. 그리하여 이 관찰을 통해서 그것들이 살아 있음을 알 따름이다. 인간은 다른 존재의 생활에 관해서는 자기가 그들의 일을 한번 생각해 보려고 생각할 때만 알게 되는 데 지나지 않으나 자신의 경우에는 자기가 살아 있음을 항상 알고 있으며 단 일순간이라도 그 의식을 그칠 수는 없다. 따라서 만인에게 참된 생명으로서 생각되는 것은 오직 자신의 생활뿐이다. 그에게는 주위에 있는 다른 존재의 생활은 그저 자기의 생존을 위한 조건 중의 하나에 불과한 것같이 생각되는 것이다. 설사 그가 남에게 악을 원하지 않는다 하더라도, 그것은 그저 남의 고뇌를 보는 일이 자기 자신의 행복을 해치기 때문인 것이다. 또 가령 그가 남에게 행복을 바란다고 한다면, 그것은 자기에게 행복을 원할 때와는 전혀 다르다. 즉 그가 선을 바라는 것은 상대방을 위해서 좋게 생각하기 때문이 아니라, 그저 다른 존재의 행복이 자신의 행복을 더해 주기 때문에 불과하다. 인간에게 중요하고

필요한 일은 오직 그가 자기의 것이라고 느끼고 있는 생명
의 행복, 즉 자기 한 몸의 행복에 지나지 않는다.

[논제] 제시문 (가)와 (나)에 나타난 두 견해의 차이점을 밝히고, 이
를 토대로 하여 제시문 (다)의 삽화에 등장하는 두 주인공의 태도
에 대해 비판적으로 논술하시오. (901자 이상~1,000자 이내: 30점)

미국에서 1억부 이상 판매된 기적의 논술가이드
클리프노트가 한국에 상륙했다!!

방대한 고전을 하루만에 독파하는 스피드
다락원 명작노트 **CliffsNotes™** 시리즈는

▶ 미국대학위원회, 서울대, 연·고대 추천 고전을 알기 쉽게 재구성한 대한민국 대표 논술교과서입니다. ▶ 작품의 핵심내용과 사상, 역사적 배경, 심볼, 작가의 의도 등을 명확하게 정리하여 방대한 원작을 쉽고 빠르게 이해할 수 있게 해줍니다. ▶ 미국에서 리포트, 논술용으로 1억 부 이상 팔린 초베스트셀러의 명성에 비평적 사고와 논리적 글쓰기의 모델을 제시하는 〈一以貫之〉의 논술 노트를 통해 사고 능력, 읽기 능력, 쓰기 능력을 체계적으로 길러줍니다.

★ 〈一以貫之〉 논술연구모임: 대입 논술이 시작될 때부터 학원과 학교에서 논술을 가르쳐온 전문가들의 모임입니다. 현재 서울·분당·평촌·인천·광주·부산·울산 등의 유명 학원과 고등학교의 논술강의 현장에서 학생들이 '자신의 물음'과 '자신의 생각'을 갖고 '자신의 글'을 쓸 수 있도록 도와주고 있습니다.

다락원 명작노트 **CliffsNotes™** 시리즈 50권 출간

001 걸리버 여행기　002 동물농장　003 허클베리 핀의 모험　004 호밀밭의 파수꾼　005 구약 성서

006 신약 성서　007 분노의 포도　008 빌러비드　009 이반 데니소비치의 하루　010 카라마조프 가의 형제들

011 순수의 시대　012 안나 카레니나　013 멋진 신세계　014 캉디드　015 캔터베리 이야기　016 죄와 벌

017 크루서블　018 몽테크리스토 백작　019 데이비드 코퍼필드　020 프랑켄슈타인　021 신곡

022 막대한 유산　023 햄릿　024 어둠의 심연 外　025 일리아드　026 진지함의 중요성　027 제인 에어

028 앵무새 죽이기　029 리어 왕　030 파리대왕　031 맥베스　032 보바리 부인　033 모비딕

034 오디세이　035 노인과 바다　036 오셀로　037 젊은 예술가의 초상　038 주홍 글씨　039 테스

040 월든　041 워더링 하이츠　042 레미제라블　043 오만과 편견　044 올리버 트위스트　045 돈키호테

046 1984년　047 이방인　048 율리시스　049 실낙원　050 위대한 개츠비

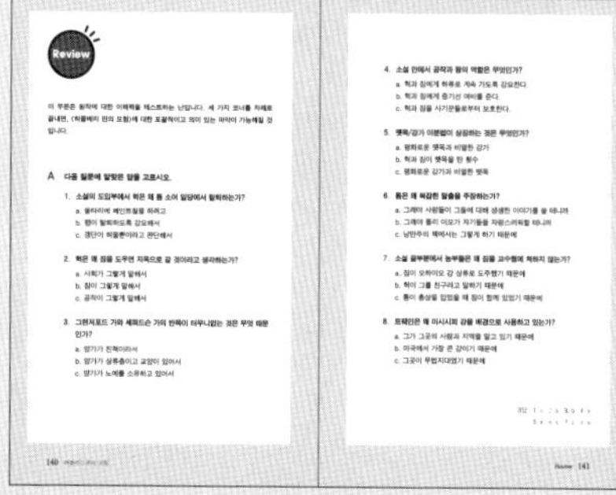

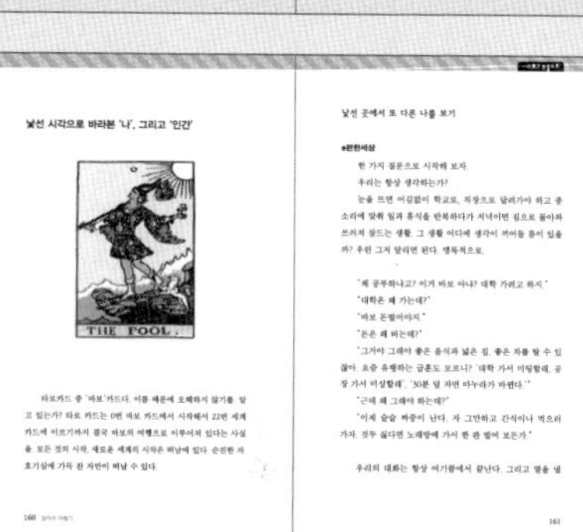

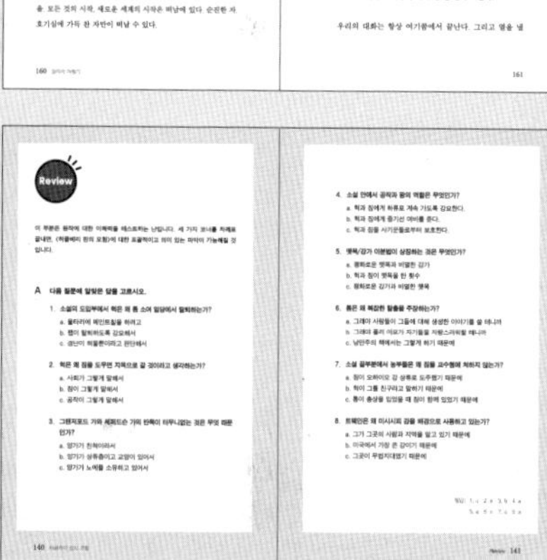

작가 노트 | 작가에 대해 꼭 알아야 할 배경지식이 담겨 있습니다.

작품 노트 | 작품의 개요, 전체 줄거리, 등장인물 등 작품 전반을 이해하는 데 필수적인 부분을 실어 놓았습니다.

Chapter별 정리 노트 | 각 장의 '줄거리'와 '풀어보기'가 들어 있습니다. '줄거리'에서는 원작의 내용을 명쾌하게 파악할 수 있습니다. '풀어보기'에서는 원작에 담긴 문학적 경향, 주제, 상징 등을 다루었습니다.

인물분석 노트 | 등장인물에 대한 보다 면밀한 분석이 들어 있습니다.

마무리 노트 | 작품의 주제 등 보다 넓은 시각에서 작품을 볼 수 있도록 도와줍니다.

Review | 작품 이해도를 묻는 질문 코너입니다. 다양한 질문에 답하다 보면 작품에 대한 포괄적이고 의미 있는 파악이 가능해집니다.

一以貫之 논술 노트 | 권말에는 일이관지 논술연구모임에서 작성한 해당 작품과 관련한 논술 노트가 실려 있습니다. 원작을 우리의 삶과 연계시켜 비판적 사고와 논리적 글쓰기의 방향을 제시합니다.

실전 연습문제 | 해당 작품을 바탕으로 출제 가능성이 높은 논점을 함께 숙고해 봅니다.

★ 변형 국판　★ 각권 8,500원

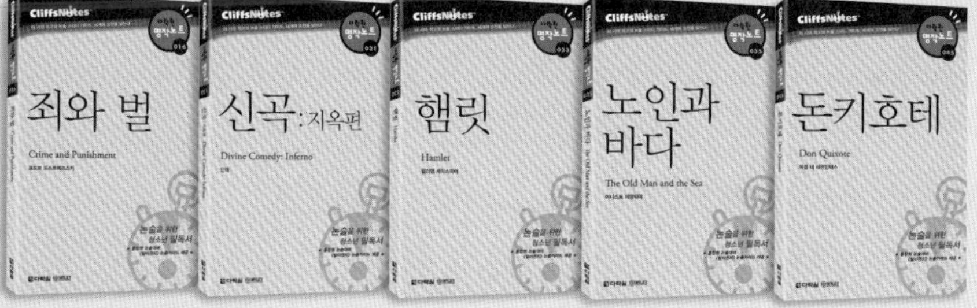

〈행복한 명작 읽기〉는 기초가 약한 영어 초급자나 초, 중, 고 학생들이 보다 즐겁고 효과적으로 명작들을 읽으며 독해력을 키울 수 있도록 개발된 독해력 증강 프로그램입니다.

국판 | Grade 1, 2, 3 각권 **6,000원**(오디오 CD 1개 포함)
　　　Grade 4, 5 각권 **7,000원**(오디오 CD 1개포함)
　　　*어린왕자 **8,000원**(오디오 CD 2개 포함)
　　　고도를 기다리며 **9,000원(오디오 CD 2개 포함)

책의 특징

1 골라 읽는 재미가 있다. 초보자를 위한 350단어 수준에서 중고급자를 위한 1,000단어 수준까지 5단계 구성.

2 단계별로 효과적인 영어 읽기 요령과 영문 고유의 참맛을 느낄 수 있는 장치가 곳곳에.

3 읽기만 해도 영어의 키가 쑥쑥 – 해석을 돕는 돼지꼬리(↶), 영어표현 및 문법 설명, 퀴즈가 왕창.

4 체계적인 듣기 학습까지. 전문 미국 성우들의 생동감 넘치는 원음을 담은 오디오 CD 제공.

Grade 1 Beginner	**Grade 2** Elementary	**Grade 3** Pre-intermediate	**Grade 4** intermediate	**Grade 5** Upper-intermediate
350words	**450**words	**600**words	**800**words	**1000**words
1 미녀와 야수	11 이솝 이야기	21 톨스토이 단편선	31 오페라 이야기	41 센스 앤 센서빌리티
2 인어공주	12 큰 바위 얼굴	22 크리스마스 캐럴	32 오페라의 유령	42 노인과 바다
3 크리스마스 이야기	13 빨간머리 앤	23 비밀의 화원	33 어린 왕자*	43 위대한 유산
4 성냥팔이 소녀 외	14 플랜더스의 개	24 헬렌 켈러, 나의 이야기	34 돈키호테	44 셜록 홈즈 베스트
5 성경 이야기 1	15 키다리 아저씨	25 베니스의 상인	35 안네의 일기	45 포 단편선
6 신데렐라	16 성경 이야기 2	26 오즈의 마법사	36 고도를 기다리며**	46 드라큘라
7 정글북	17 피터팬	27 이상한 나라의 앨리스	37 투명인간	47 로미오와 줄리엣
8 하이디	18 행복한 왕자 외	28 로빈 후드	38 오 헨리 단편선	48 주홍글씨
9 아라비안 나이트	19 몽테크리스토 백작	29 80일 간의 세계 일주	39 레 미제라블	49 안나 카레니나
10 톰 아저씨의 오두막	20 별	마지막 수업	30 작은 아씨들	40 그리스 로마 신화	50 나에겐 꿈이 있습니다 －명연설문 모음

쉬운 영문을 통해 영어 독해에 대한 막연한 두려움을 없앤다 — **왕초보 기초다지기**

실력에 맞게 효과적으로 끊어 읽으며 직독직해 훈련을 한다. — **실력 굳히기**

영문판 원서 도전을 위한 전 단계의 준비과정이다. — **영어의 맛** 제대로 느끼기